Conviver

Ciências Naturais

3º ano

Ensino Fundamental
de nove anos

Geslie Coelho
Licenciada em Ciências Biológicas pela Universidade de São Paulo.
Professora e assessora de Ciências no Ensino Fundamental.

Gilberto Giovannetti
Licenciado em Ciências pela Universidade Mackenzie.
Professor de Ciências no Ensino Fundamental.

1ª edição

Moderna

Moderna

Coordenação editorial: José Luiz Carvalho da Cruz
Edição de texto: Lia Monguilhott Bezerra, Nina Nazario, Helena Moreira Pacca
Assistência editorial: Nina Nazario, Helena Moreira Pacca
Preparação de texto: Cintia Shukusawa Kanashiro
Coordenação de *design* e projetos visuais: Sandra Botelho de Carvalho Homma
Projeto gráfico: Everson de Paula, Mariza de Souza Porto, Marta Cerqueira Leite
Capa: *Criação:* Sandra Botelho de Carvalho Homma
Produção: Everson de Paula
Construção em papel: Kazue Taciro, Paulo Manzi
Foto: Paulo Manzi
Coordenação de produção gráfica: André Monteiro, Maria de Lourdes Rodrigues
Coordenação de arte: Maria Lucia F. Couto
Edição de arte: Patricia Costa Ribeiro
Assistência de produção: Daniel H. Aoki
Editoração eletrônica: Estúdio Criare
Ilustrações: Cecília Iwashita, Eliana Delarissa, Erika Onodera, Fernando Ventura, Marcio Guerra, Maria Olivia, Paulo Manzi, Roberto Weigand, Rodval Matias, Sabrina Eras, Sidney Meireles, Tatiana Paiva, Vicente Mendonça, Weberson Santiago
Coordenação de revisão: Elaine Cristina del Nero
Revisão: Adriana Bairrada, Ana Cortazzo, Ana Maria C. Tavares, Fernanda Kanawati, Fernanda Marcelino, Nancy Helena Dias
Coordenação de pesquisa iconográfica: Ana Lucia Soares
Pesquisa iconográfica: Ana Claudia Fernandes, Carolina Leite de Souza, Etoile Shaw, Odete Ernestina Pereira
As imagens identificadas com a sigla CID foram fornecidas pelo Centro de Informação e Documentação da Editora Moderna.
Coordenação de *bureau*: Américo Jesus
Tratamento de imagens: Pix Art
Pré-impressão: Helio P. de Souza Filho, Marcio Hideyuki Kamoto
Coordenação de produção industrial: Wilson Aparecido Troque

Dados Internacionais de Catalogação na Publicação (CIP)
(Câmara Brasileira do Livro, SP, Brasil)

Coelho, Geslie
Conviver : ciências naturais : ensino fundamental de nove anos / Geslie Coelho, Gilberto Giovannetti. — 1. ed. — São Paulo : Moderna, 2009. — (Conviver)

Obra em 5 v. para alunos do 2º ao 5º ano.
Bibliografia.

1. Ciências (Ensino fundamental)
I. Giovannetti, Gilberto. II. Título. III. Série.

09-06948 CDD-372.35

Índices para catálogo sistemático:
1. Ciências : Ensino fundamental 372.35

ISBN 978-85-16-05916-3 (LA)
ISBN 978-85-16-05917-0 (GR)

EDITORA MODERNA LTDA.
Rua Padre Adelino, 758 - Belenzinho
São Paulo - SP - Brasil - CEP 03303-904
Vendas e Atendimento: Tel. (0_ _11) 2602-5510
Fax (0_ _11) 2790-1501
www.moderna.com.br
2012
Impresso na China

1 3 5 7 9 10 8 6 4 2

O casamento dos tatus

Quem foi nesse casamento
Não saiu antes do fim,
Pois tinha orquestra tocando
Violão e bandolim

Tinha paçoca e beijinho,
Doce de leite e quindim.
E um tamanduá querendo
Brigadeiro de cupim.

Tinham muitas tartarugas
E até um guaxinim,
Fazendo papel de padre
E só falando em latim.

A noiva estava tão linda,
Vestida de seda e cetim,
Segurando com as unhas
Um raminho de jasmim.

Prestei atenção ao noivo:
Nunca vi uma coisa assim!
Era tão pequenininho
Que até sumia no capim.

Com tanto tatu na mata
E ela quis logo um assim.
Esse simples tatuzinho,
Um tatuzinho-de-jardim.

José Santos. *Rimas da floresta: poesia para os animais ameaçados pelo homem.* São Paulo: Peirópolis, 2007.

Seu livro é assim...

Este é seu livro de Ciências. Veja de que forma ele está organizado.

Abertura de unidade

Primeiros contatos
Você vai poder contar o que já sabe sobre o assunto.

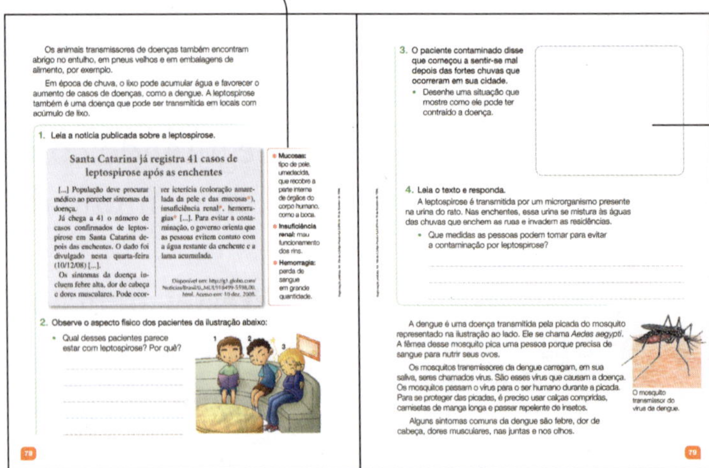

Glossário
Ao encontrar este sinal (*), o asterisco, você vai poder conferir o significado da palavra no Glossário.

Atividades
Estimulam a leitura, a interpretação, a elaboração e a discussão de textos, imagens, quadros, gráficos, cartazes etc.

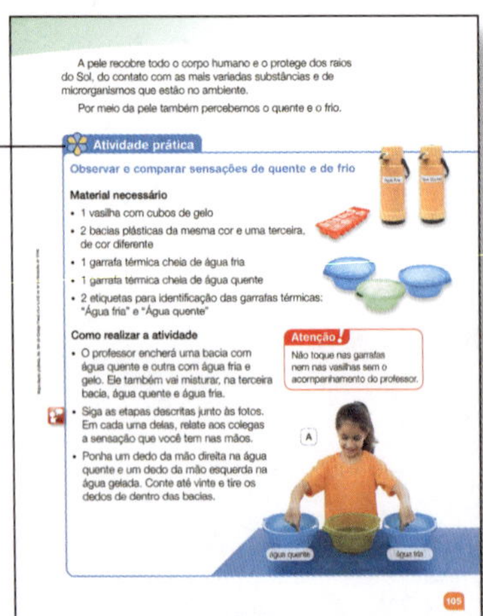

Atividade prática
Com as atividades práticas você poderá observar, verificar, testar e simular muitas situações diferentes.

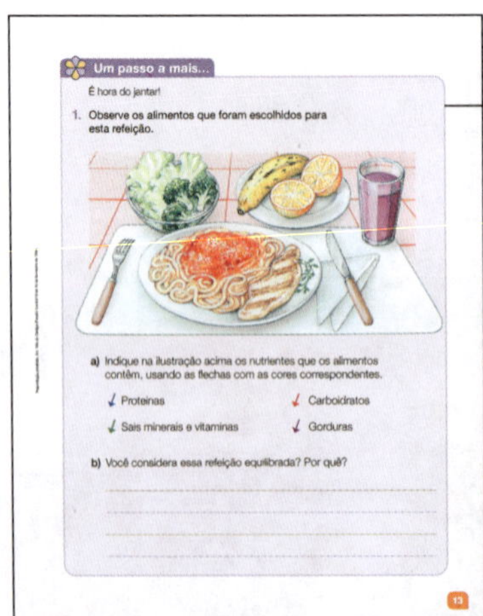

Um passo a mais...
Você poderá usar o que aprendeu e fazer novas descobertas.

Refletindo mais

Você irá ampliar o que estudou, aplicando o que aprendeu em uma atividade coletiva.

Neste livro, você vai encontrar os ícones abaixo. Eles indicam de que maneira as atividades devem ser realizadas.

- Atividade oral
- Atividade em dupla
- Atividade em grupo

De leitor para leitor

Sugestões de livros, *sites* e filmes.

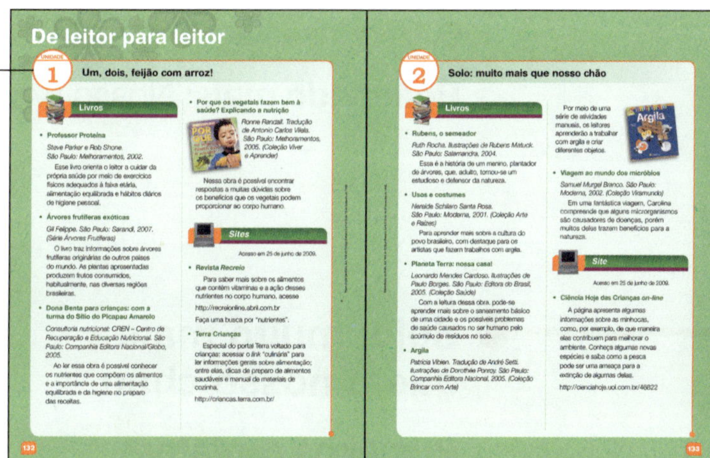

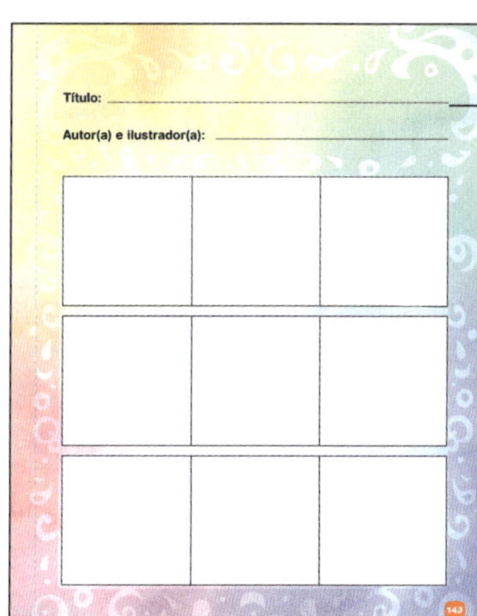

Páginas especiais

Nas páginas especiais você vai encontrar atividades divertidas.

Você também encontrará as seções:

- Investigue
- Entreviste
- Você sabia?

Sumário

UNIDADE 1

UNIDADE 2

UNIDADE 3

O planeta Terra pede nossa atenção

UNIDADE 4

As trocas de calor no ambiente

UNIDADE 1

Um, dois, feijão com arroz!

Consumir alimentos variados nos ajuda a manter boas condições de saúde e nos fornece a energia necessária para realizar, com disposição, nossas atividades diárias.

Primeiros contatos

1 Identifique, entre os exemplos representados nas imagens, dois alimentos que você:

a) come frequentemente.

b) come de vez em quando.

c) não costuma comer.

2 Você já teve a oportunidade de ler o rótulo da embalagem de algum alimento?

a) De qual alimento?

b) Cite duas informações que você encontrou.

3 Em que local da cozinha de sua residência costumam ser guardados os alimentos embalados em latas, vidros, potes e caixas de papelão?

a) Antes da abertura das embalagens:

- ☐ prateleiras, dentro ou fora de armários.
- ☐ geladeira.
- ☐ *freezer*.
- ☐ outro local ______________.

b) Depois que as embalagens são abertas:

- ☐ prateleiras, dentro ou fora de armários.
- ☐ geladeira.
- ☐ *freezer*.
- ☐ outro local ______________.

1. Viver com saúde

Os alimentos e seus nutrientes

Quando o assunto é alimentação, você já deve ter percebido que os adultos sempre fazem as mesmas recomendações para as crianças.

1. Leia com atenção alguns exemplos dessas recomendações.

Quero ver você raspar o prato, sem deixar um grãozinho! Lembre-se: saco vazio não para em pé!

Desligue a TV e venha comer!

Refrigerante? De novo? Nem pensar! Ou você toma água ou um bom copo de suco.

Assim você vai acabar ficando doente: não come verduras, legumes nem frutas!

Sobremesa? Agora não! Só no fim da refeição.

a) Você já ouviu recomendações parecidas com essas? Conte aos colegas o que lhe foi falado e em que situação isso aconteceu.

b) Em sua opinião, por que os adultos costumam fazer recomendações como essas? Você as considera importantes? Por quê?

Os alimentos contêm substâncias chamadas nutrientes. Os nutrientes são as proteínas, os carboidratos, as gorduras, os sais minerais e as vitaminas.

Os nutrientes são necessários para o desenvolvimento do corpo humano e para mantê-lo saudável.

A seguir, você encontrará informações sobre os grupos de alimentos e os nutrientes que eles contêm.

Grupo 1

Alimentos ricos em **proteínas**. Proteínas são nutrientes importantes na formação dos ossos, dos músculos e de órgãos como a pele. As proteínas também ajudam no crescimento do corpo humano.

Grupo 2

Alimentos ricos em **carboidratos**. Os carboidratos são nutrientes que fornecem energia para que o corpo realize as atividades diárias.

Grupo 3

Alimentos que contêm **gorduras**. As gorduras são nutrientes que nos fornecem energia e desempenham um papel importante na manutenção da temperatura do corpo. Além disso, elas também dão sabor aos alimentos.

Grupo 4

Alimentos ricos em **vitaminas** e **sais minerais**. Vitaminas e sais minerais são nutrientes que ajudam a prevenir algumas doenças.

Quando a refeição é composta de todos os nutrientes, nas quantidades adequadas, dizemos que ela é equilibrada.

2. Com base nas informações dos textos e das fotos, responda.

a) Algum alimento aparece em mais de um grupo? Qual? O que você imagina que isso significa?

b) As refeições que você consumiu nos últimos cinco dias da semana estavam equilibradas? Por quê?

Um passo a mais...

É hora do jantar!

1. Observe os alimentos que foram escolhidos para esta refeição.

a) Indique na ilustração acima os nutrientes que os alimentos contêm, usando as flechas com as cores correspondentes.

- Proteínas
- Carboidratos
- Sais minerais e vitaminas
- Gorduras

b) Você considera essa refeição equilibrada? Por quê?

Hábitos de lá e de cá...

De uma região para outra, os hábitos alimentares das pessoas variam e o mesmo alimento pode ser preparado e servido de formas diferentes.

3. Leia os textos seguintes. Há algum alimento mencionado que você não conhece?

Texto 1

"Na manhã seguinte, Kyoko nos chamou para comer e eu tomei um baita susto.

— Mãe, esse é o café da manhã dos japoneses?

— É, filha. De manhã eles costumam tomar essa sopa de vegetais, chamada missô*. Depois comem o arroz branco e essa omelete. É tudo bem nutritivo*!

— Pode ser nutritivo, mas é estranho pra gente que está acostumado com café, pão e manteiga. Acho que vou ficar só com a omelete."

Ricardo Dreguer. *Bia na Ásia*. São Paulo: Moderna, 2007.

* **Missô:** sopa japonesa feita com pasta de soja, um tipo de planta.

* **Nutritivo:** que sustenta o organismo, ou seja, contém nutrientes adequados.

Texto 2

"Enquanto no Nordeste e Sudeste [...] o açaí é consumido acompanhado com outras frutas, açúcar e especiarias como mel, castanha e farinha de mandioca, no Norte, a tradição pede que ele seja servido puro."

Disponível em: http://diariodonordeste.globo.com/materia.asp?codigo=498814. Acesso em: 18 jun. 2008.

Texto 3

"São Bartolomeu é um distrito de Ouro Preto [...] conhecido pela produção de doces artesanais, vendidos em barras. Pessegada, doce de leite, goiabada, cidra, bananada, todos feitos dentro das casas dos moradores. Os doces ficam expostos em estandes na sala de estar."

Rusty Marcellini. Os doces em barra de São Bartolomeu. Em: *Caminhos do sabor: estrada real*. Belo Horizonte: Gutenberg; Abrasel, 2004.

4. Com base nas informações dos textos, assinale com X as alternativas corretas.

a) A personagem do texto 1 estranha o café da manhã dos japoneses, pois ela está acostumada com:

☐ café, pão e manteiga.

☐ café, pão, manteiga e omelete.

☐ pão, manteiga e omelete.

b) A personagem do texto 1 descobriu que, no café da manhã, os japoneses comem:

☐ missô e café.

☐ missô, omelete e arroz branco.

☐ sopa de vegetais e pão com manteiga.

c) Marcelo mora no Rio Grande do Norte, estado que fica na região Nordeste do Brasil. Em sua casa, o açaí costuma ser servido:

☐ com banana, mel e castanha.

☐ puro.

☐ com farinha de milho e castanha.

d) Maria Lúcia e seus irmãos, que moram no Amazonas, estado da região Norte, comem açaí:

☐ com banana, mel e castanha.

☐ com farinha de mandioca, castanha e mamão.

☐ puro.

e) São Bartolomeu, distrito de Ouro Preto, cidade que fica no estado de Minas Gerais, é conhecido pela venda de doces em barra, feitos com:

☐ todos os tipos de frutas.

☐ leite.

☐ leite e algumas frutas.

☐ leite e goiaba.

2. Um hábito saudável: comer frutas

As frutas que nós comemos

As frutas são fontes de água, vitaminas e sais minerais. Esses elementos contribuem para a saúde da pele, dos olhos e da gengiva, para a formação dos ossos e para o processo de digestão dos alimentos.

Apesar de serem importantes, as frutas nem sempre fazem parte da alimentação diária das crianças.

1. As fotos mostram algumas das várias frutas que existem em nosso país. Quais dessas frutas são comuns na região em que você mora?

graviola

25 centímetros

acerola

2 centímetros

carambola

10 centímetros

cupuaçu

25 centímetros

melancia

50 centímetros

banana

15 centímetros

romã

12 centímetros

jaca

40 centímetros

goiaba

7 centímetros

pequi

4 centímetros

taperebá

4 centímetros

caju

11 centímetros

a) Observe a diversidade de frutas e o aspecto de cada uma.

b) Tente lembrar dos aromas, das texturas e dos sabores das frutas que você conhece.

2. Feita essa observação, escreva o nome de:

a) quatro frutas que são comuns no lugar em que você mora.

____

____

____

____

b) uma fruta que você come com frequência.

____

c) uma fruta que você come sempre, mas que não apareceu nas imagens.

____

Entreviste

Entrevistem dois colegas da escola para descobrir quais frutas fazem parte dos hábitos alimentares deles.

1. **Abaixo estão as perguntas da entrevista. Cada aluno deve registrar as respostas dadas por um dos entrevistados.**

a) Qual é o seu nome?

____

b) Em que classe você estuda?

____

c) Quantas frutas você costuma consumir por dia?

____

d) Cite três frutas que consome com mais frequência.

____

e) Que outras frutas você gosta de comer?

____

f) De que maneira você consome as frutas: cruas, na forma de sucos, de doces, de geleias, em bolos ou pães?

____

g) As frutas são consumidas em casa, na escola ou em algum outro lugar? Onde?

____

h) Alguém na sua casa o estimula a comer frutas? Quem? E na sua escola?

____

____

i) Se você não come frutas, conte o motivo.

____

Os dados obtidos nas entrevistas com alunos do 3º ano de uma escola foram organizados em gráficos de barras. Observe como ficaram alguns desses gráficos.

Modelos de gráfico: As frutas preferidas dos alunos do 3º ano

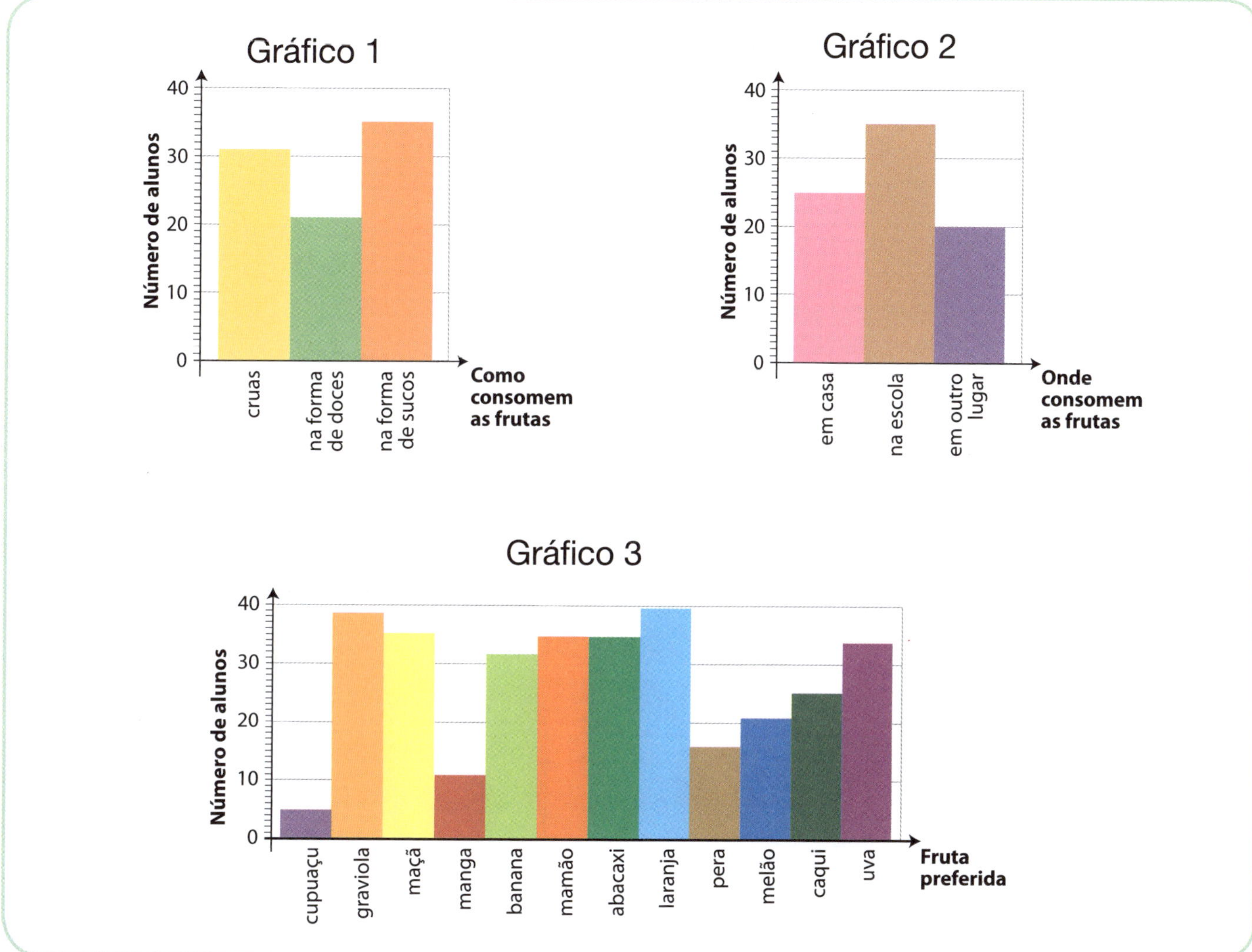

O gráfico é uma forma de representação que nos ajuda a observar e comparar dados obtidos. No caso do gráfico 3 representado acima, a altura das barras indica a quantidade de alunos que consomem determinada fruta. Quanto maior a barra, mais alunos consomem aquela fruta; quanto menor a barra, menos alunos consomem aquela fruta.

3. Com base na leitura do gráfico 3, responda.

a) Qual é a barra mais alta? O que essa barra indica?

b) E a barra mais baixa, o que ela indica?

4. Agora, construam no espaço abaixo um gráfico de barras, utilizando as informações obtidas nas entrevistas feitas pelas duplas da classe.

- Com base nas orientações do professor, pintem os quadrados do gráfico. Atenção: cada quadrado corresponde a um aluno da classe.

5. Com base nas informações obtidas nas entrevistas e na interpretação do gráfico que vocês construíram, respondam.

a) Qual é a fruta preferida dos entrevistados?

b) A maioria dos alunos consome as frutas cruas, na forma de doces ou toma sucos?

c) A maioria dos alunos consome mais frutas em casa, na escola ou em outro lugar?

d) Os alunos comem pelo menos uma fruta por dia?

☐ Sim ☐ Não

e) Foram citadas frutas das quais vocês nunca tinham ouvido falar? Qual é o nome delas?

f) Como os colegas que não comem frutas justificaram esse hábito?

6. Pensando no que vocês estudaram sobre os nutrientes e na importância deles para o corpo humano, respondam: O consumo de frutas entre os entrevistados está satisfatório? Expliquem por quê.

3. Os frutos e suas sementes

Diferentes tipos de frutas... ou frutos?

Vamos fazer uma observação mais atenta de algumas frutas, por dentro e por fora?

Atividade prática

Observar e comparar polpas e sementes

- Organize, com os colegas, uma mesa com algumas frutas que vocês costumam comer.
- Observem todas as frutas atentamente. Escolham, desenhem e pintem duas frutas. Escrevam os nomes delas junto aos desenhos.

- Após a observação das frutas inteiras, o professor vai cortá-las ao meio. Façam desenhos para representar como são as frutas por dentro.

- Separem, com cuidado, as sementes de algumas frutas e coloquem-nas sobre uma folha de papel branco. Comparem o tamanho, a cor e a textura das sementes.
- Desenhem e pintem as sementes que vocês separaram. Escrevam junto delas os nomes das frutas de onde foram retiradas.

- Terminados os desenhos, o professor vai preparar a degustação das frutas. Assim, você poderá saboreá-las e sentir o aroma de cada uma.

1. Feita a degustação, diga o nome da fruta que para você:

a) tem o aroma mais agradável.

b) é a mais saborosa.

2. Houve alguma fruta que você comeu pela primeira vez? Qual?

Como surgem os frutos

Você já observou uma planta na época em que as flores estão murchando? Quando isso acontece, uma das partes da flor, o ovário, desenvolve-se e amadurece, transformando-se em fruto.

Veja como isso acontece na aboboreira.

Os frutos, em geral, contêm e protegem uma ou mais sementes.

Geralmente, quando o fruto tem sabor adocicado ou mesmo ácido, tem polpa carnosa e suculenta e costuma ser comido como sobremesa, ele recebe o nome de fruta. Veja os exemplos abaixo:

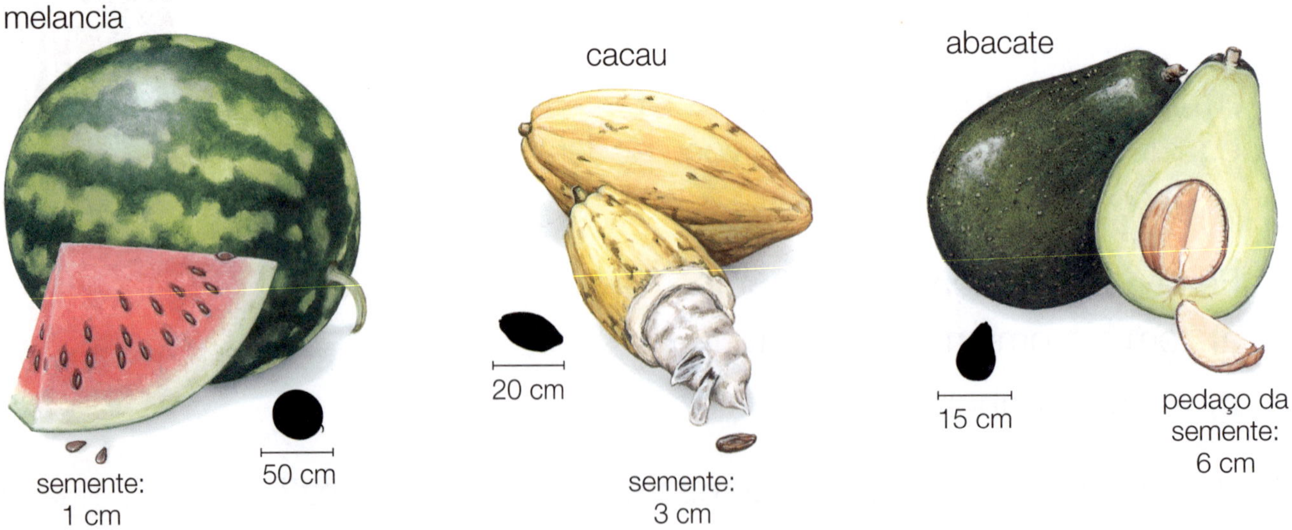

As pessoas costumam chamar de legumes os frutos que não têm sabor adocicado, como o tomate, os feijões, a berinjela, o chuchu e o quiabo. Observe a seguir alguns desses frutos.

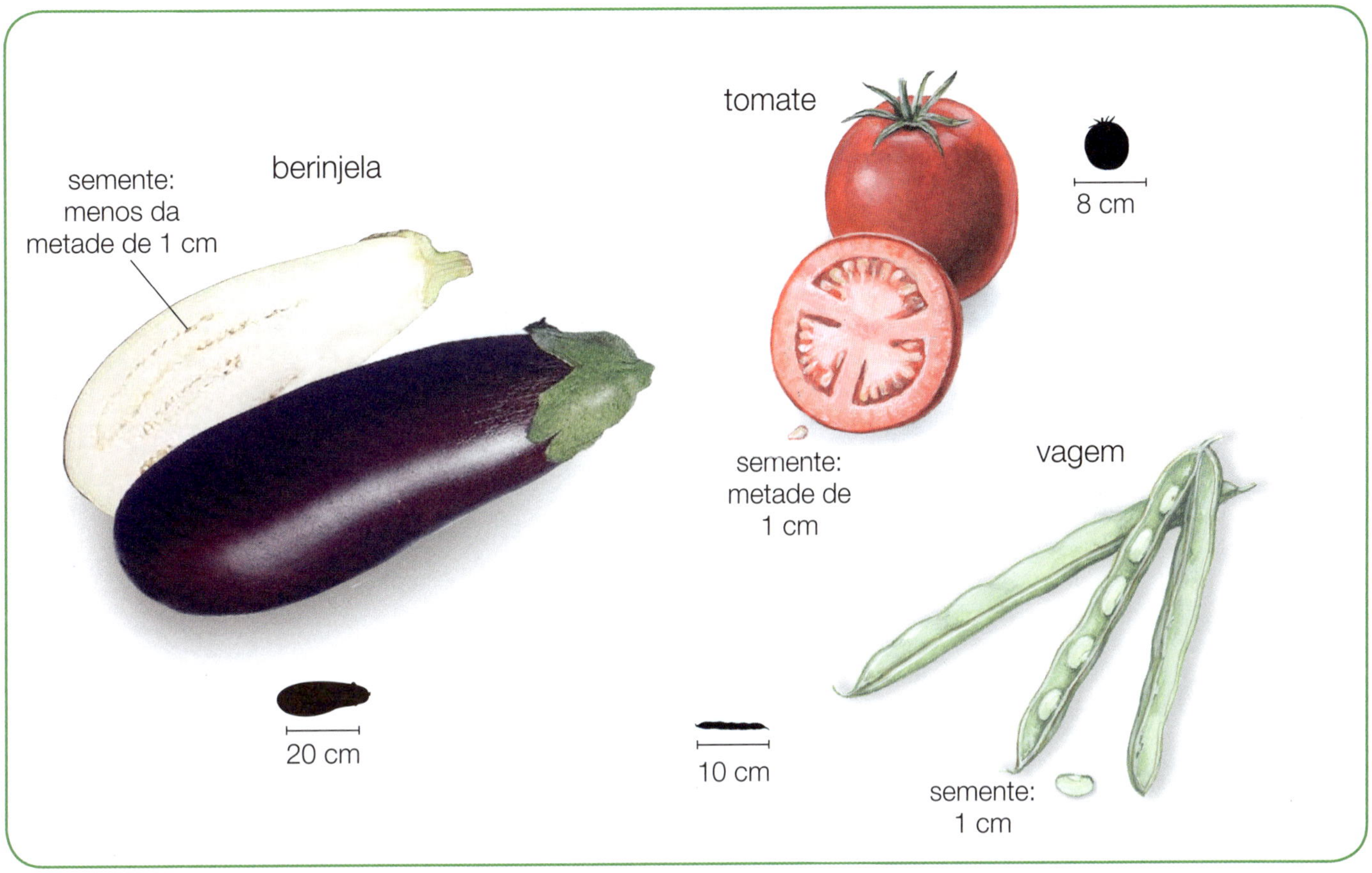

- Você já plantou sementes? Se sim, o que foi possível observar quanto ao desenvolvimento dessa parte da planta? Converse com os colegas sobre isso.

As sementes são as partes das plantas que, ao caírem no solo, podem germinar e originar uma nova planta.

As sementes apresentam, na parte interna, uma estrutura pequena que recebe o nome de embrião. É a partir do embrião que uma nova planta pode se desenvolver.

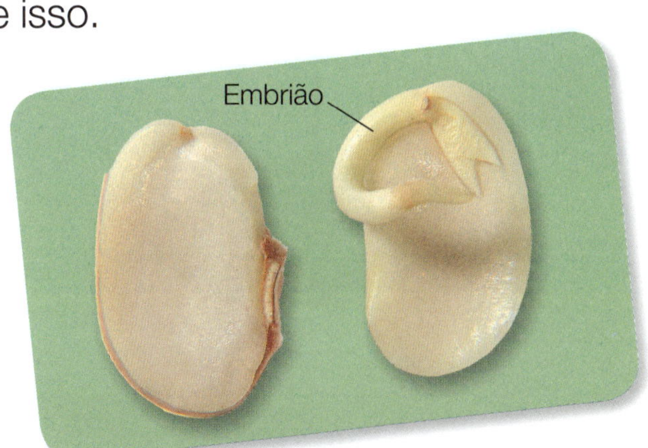

Para uma semente germinar, ela precisa estar em um local com condições adequadas de umidade e calor, entre outros fatores. A semente também precisa estar inteira e sadia.

Um passo a mais...

1. Leia o texto.

O embrião da semente começa a se desenvolver em um local com condições adequadas. Surge uma pequena raiz, depois um pequeno caule. A raiz e o caule começam a crescer e surgem as primeiras folhas. Com o tempo, a planta se torna adulta.

a) Com base nas informações do texto, numere as imagens de 1 a 6, que representam o processo de germinação da semente até o desenvolvimento de um pé de feijão.

☐ 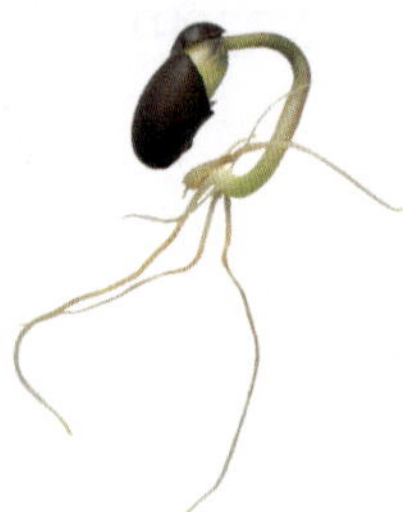

____

____

☐ 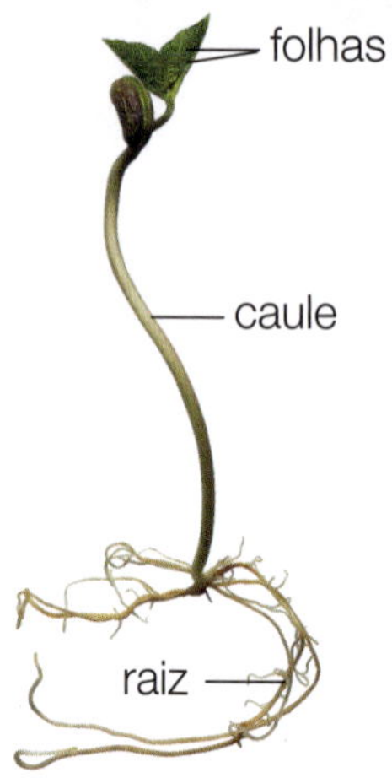

____

____

☐ 

____

____

☐ 

____

____

☐ 

____

____

☐ 

____

____

b) Escreva nas linhas uma legenda para cada imagem.

2. Observe os frutos mostrados na foto.

- Complete o quadro com alguns nomes desses frutos.

Frutos expostos em um mercado.

Tipo de fruto	
Fruta	Legume

3. Complete os espaços, deixando as frases corretas.

a) As ______________________ e as verduras são ricas em nutrientes que ajudam a prevenir algumas doenças. Quem deixa de comer alimentos como esses pode ficar com falta de ______________________ e de sais minerais.

b) Os frutos contêm ______________________. No interior delas, há uma estrutura pequena chamada ______________________.

4. Alimentação e higiene

Cuidados com as mãos e os alimentos

Você já ouviu falar que o hábito de colocar as mãos sujas na boca pode deixar as pessoas doentes?

Isso também pode acontecer com quem come verduras, legumes e frutas que não estejam bem lavados e bebe água sem tratamento, isto é, que pode não estar limpa.

No solo, local onde boa parte dos alimentos é cultivada, e na água usada na rega, vivem microrganismos que podem contaminar esses alimentos, causando doenças nos seres humanos.

Os microrganismos são seres vivos tão pequenos que só podem ser observados por meio de um equipamento chamado microscópio, como o que você vê na foto ao lado.

Pesquisadora utilizando microscópio para observar microrganismos.

Como medida de higiene, antes de iniciar o preparo de uma refeição, é necessário lavar as mãos e os utensílios que serão utilizados, como as vasilhas e os talheres, por exemplo. Depois, os alimentos devem ser bem lavados debaixo da água de uma torneira e deixados um tempo de molho, em uma mistura de água com substâncias próprias para destruir microrganismos.

Você sabia?

A prevenção contra as lombrigas

A água utilizada para beber ou para regar verduras e legumes pode conter ovos de um animal chamado lombriga.

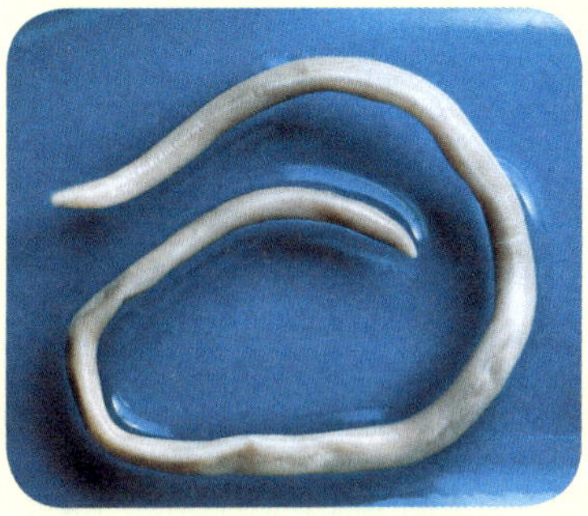

Lombriga.

30 cm

A lombriga pode viver dentro de uma porção do intestino do ser humano e absorver parte dos nutrientes ingeridos por ela.

Dentro do intestino, as lombrigas fêmeas liberam os ovos, que são eliminados do corpo humano juntamente com as fezes, podendo contaminar o solo e a água.

Quando uma pessoa tem lombrigas, é comum sentir enjoo, fraqueza, dores fortes na barriga, e pode até emagrecer. Nas crianças, a contaminação pelas lombrigas pode prejudicar o desenvolvimento geral do corpo.

Um passo a mais...

Com base no que você estudou sobre a importância da higiene no preparo e no consumo dos alimentos, escreva legendas para as fotos a seguir.

____

____

____

____

5. Fora desperdício!

Reaproveitar alimentos

Os talos, as cascas e outras partes das plantas que normalmente vão para o lixo merecem ser aproveitados. Essas partes dos vegetais contêm nutrientes, como vitaminas e sais minerais, e podem ser utilizadas em diversas receitas culinárias.

1. **Você já comeu algum prato que tem como ingrediente cascas, talos ou outras partes das plantas que costumam ser jogadas fora? Conte aos colegas.**

- Leia a receita e, em seguida, acompanhe o preparo da geleia com o professor.

Atenção!

Acompanhe o preparo a distância para não se queimar. Somente o adulto deve mexer na panela.

Geleia de casca de banana

Ingredientes

- 1 colher (de sopa) de caldo de limão
- 1 quilograma de açúcar
- 1 quilograma de casca de banana
- 1 xícara (de chá) de água

Modo de preparo

- Despejar a água em uma vasilha e colocar as cascas de banana já lavadas. Quando amolecerem, bater no liquidificador, até que as bananas formem uma massa pastosa.
- Passar essa mistura para uma panela, acrescentar o açúcar e o limão e levar ao fogo para cozinhar.
- Mexer devagar, até que a geleia solte do fundo da panela.
- Apagar o fogo e deixar a geleia esfriar.

2. Quais são os nutrientes fornecidos ao seu organismo ao consumir a geleia da receita da página anterior?

3. As cascas de banana foram lavadas para fazer a geleia. Explique a razão desse cuidado.

Investigue

- Em casa, peçam a um adulto outra receita feita com partes de plantas que costumam ser jogadas fora. Anotem a receita na ficha do encarte *Reaproveitar alimentos* (página 137).
- Consultem livros, revistas, jornais ou páginas da internet selecionados pelo professor para descobrir informações sobre algumas das plantas citadas nas receitas.
- Escolham uma das plantas investigadas e registrem no espaço abaixo o que descobriram sobre ela.

Nome da planta: ______

6. A conservação dos alimentos

Observe alguns tipos de embalagens de alimentos industrializados.

Alimentos naturais e industrializados

Escolher os alimentos para uma refeição saudável não é uma tarefa fácil. Surgem questões do tipo:

- Será que os alimentos industrializados fazem bem para o organismo?
- Que nutrientes há nos alimentos industrializados?

1. Antes de tentar responder às questões acima, consulte um dicionário e anote o significado das expressões a seguir.

a) Natural: ____________________

____

____

____

b) Industrializado: ____________________

____

____

____

2. Agora, releiam e discutam as questões do começo da página. A que conclusões vocês chegaram?

Uma forma de avaliar a qualidade dos alimentos naturais é prestar atenção à aparência e ao cheiro que eles têm.

No caso dos alimentos naturais que vêm embalados, como os mostrados nas fotos da página ao lado, é preciso observar a data de validade do produto ainda fechado.

Alimentos naturais que vêm embalados

Carne bovina.

Milho verde.

No caso dos alimentos industrializados, também é necessário ficar atento ao prazo para consumo e às condições das embalagens. Se elas estiverem abertas, amassadas, enferrujadas ou estufadas, descarte-as.

Veja, em destaque, informações sobre o prazo para consumo do produto. Prazo de consumo: período entre a data de fabricação e a data de validade.

Outra informação que também deve constar nas embalagens dos alimentos é o prazo para consumo depois de o produto ser aberto.

3. Em sua opinião, por que é necessário verificar, no momento da compra, o prazo de validade de um alimento?

4. Por que é importante saber a validade de um alimento após a embalagem ser aberta?

A leitura de embalagens

Além da data de validade, as embalagens trazem outras informações. Para conhecê-las, peça a um adulto de sua casa que o ajude a separar embalagens de alimentos.

Atenção!

Selecione somente embalagens de papel, papelão e plástico. Não separe as de vidro e metal, porque podem machucar ou cortar suas mãos!

5. Organizados em pequenos grupos, preencham a tabela a seguir com informações que aparecem nas embalagens que vocês trouxeram.

Nome do alimento	Prazo de validade (embalagem fechada)	Prazo de validade (embalagem aberta)	Dois nutrientes presentes em maior quantidade

6. Preenchida a tabela, observem novamente as embalagens e descubram outras informações que elas trazem, como o nome do produto e o da indústria fabricante. Leiam essas informações para a classe.

7. Leiam com atenção as informações que aparecem nas embalagens mostradas a seguir. Há algum componente dos alimentos que vocês não conhecem? Qual?

Embalagem de leite.

Embalagem de pão integral.

Os **aditivos** são substâncias incluídas na maioria dos alimentos industrializados. Entre eles estão os corantes, os aromatizantes e os conservantes.

- Corantes: dão cor aos alimentos, podendo intensificar a coloração artificial ou mesmo modificar a cor original.
- Aromatizantes: dão aroma e sabor aos alimentos.
- Conservantes: aumentam o tempo de duração dos alimentos, evitando que estraguem logo.

Atenção!

Faz mal à saúde comer todos os dias alimentos com aditivos, como balas, sucos artificiais e biscoitos recheados. O consumo excessivo desses alimentos pode causar dor de barriga ou alergias.

8. Observem novamente as embalagens acima. Descubram e anotem o nome do alimento que contém pelo menos um dos aditivos citados no texto.

____

Ambientes que conservam os alimentos

O tempo de validade dos alimentos varia conforme o ambiente em que eles são conservados.

9. Leia as informações que constam dos rótulos dos alimentos representados nas imagens.

Suco de manga, sem conservantes nem corantes.

Suco de manga, com conservantes.

Manteiga em tablete.

Leite em pó.

- Ligue os nomes dos alimentos aos ambientes em que devem ser conservados.

Leite em pó

Sucos de manga

Manteiga em tablete

Embalagem fechada: à temperatura ambiente.

Embalagem fechada: na geladeira.

Embalagem aberta: à temperatura ambiente.

Embalagem aberta: na geladeira.

Uma das formas mais comuns de conservar os alimentos é mantê-los em baixas temperaturas, em geladeiras ou *freezers*. Isso evita a multiplicação de microrganismos que estragam os alimentos.

Hortaliças, leites, queijos, iogurtes, manteiga, embutidos, como a salsicha, o presunto e a linguiça, e alimentos cozidos devem ser guardados na geladeira. O congelamento no *freezer* é usado para conservar carnes cruas e alimentos cozidos por longos períodos, em temperaturas ainda mais baixas que as da geladeira.

10. **Leia novamente as informações sobre os sucos de manga. Observe que, apesar de ambos serem conservados em geladeira depois de abertos, há diferença no tempo em que podem ser consumidos.**

- Encontre, nas legendas das fotos, uma justificativa para essa diferença.

Alguns alimentos podem ser conservados à temperatura ambiente após a abertura da embalagem. Outros, no entanto, devem ser mantidos na geladeira. É importante saber o local em que um alimento deve ser conservado para evitar que ele estrague. O consumo de produtos estragados ou vencidos pode causar mal-estar, doenças e até levar à morte.

Você sabia?

Alimentos à base de carne, como linguiça, toucinho e presunto, podem ser mantidos fora da geladeira se forem expostos durante certo tempo à fumaça, em um processo chamado defumação. Alguns tipos de queijo também são defumados.

Um passo a mais...

1. Observe as informações que aparecem nas embalagens de dois alimentos, feitos à base de cereais*.

- **Informação importante:** O alimento 2 contém três vezes mais fibras que o alimento 1. As fibras são partes das plantas que nós não digerimos; são eliminadas nas fezes e ajudam a manter o bom funcionamento dos intestinos.

* **Cereais:** plantas, como milho, trigo, arroz, aveia e centeio, que produzem grãos, presentes em nossa alimentação.

a) Escolha um desses alimentos para o seu café da manhã e grife nas embalagens acima as informações que colaboraram para que você tomasse essa decisão.

b) Justifique a decisão que você tomou.

2. Observe as fotos e identifique o prazo de validade dos alimentos.

a) Com a embalagem fechada.

b) Depois que a embalagem foi aberta.

3. Algumas crianças consomem pirulitos, balas e biscoitos recheados todos os dias e em excesso e ainda se recusam a comer frutas, verduras e legumes. O que você diria a essas crianças para convencê-las a mudar de hábito?

Refletindo mais

Nosso livro de receitas

Nesta unidade, você e seus colegas conheceram diferentes hábitos alimentares, estudaram a composição de alimentos naturais e industrializados, além de algumas orientações necessárias para a leitura de embalagens de produtos alimentícios.

Agora vocês vão elaborar um **livro coletivo de receitas** e aplicar o que aprenderam.

1. Revejam as receitas preparadas com partes de plantas que costumam ser jogadas fora (página 31).

2. Peçam aos adultos com quem vocês moram que descrevam uma receita de família de prato doce ou salgado. A receita deve conter pelo menos um dos seguintes ingredientes: verduras, legumes ou frutas. Anotem a receita no encarte *Receita de família* (página 139).

3. Com a ajuda do professor, elaborem um texto de apresentação e uma capa ilustrada para o livro coletivo. Reúnam todas as receitas e montem o livro.

4. Quando o trabalho estiver pronto, convidem colegas de outras classes para apresentar o livro de vocês.

Para estimular o consumo de alimentos saudáveis, sirvam para os visitantes:

Salada de frutas com romã

Ingredientes

1 romã
1 fatia de manga
2 rodelas de abacaxi
1 bola de sorvete de creme
metade de uma laranja
1 colher (sopa) de açúcar

Modo de preparo

Cortar em cubos a fatia de manga e as rodelas de abacaxi. Colocá-las em uma taça.
Adicionar a bola de sorvete.
Misturar o açúcar com o suco da laranja e colocar sobre as frutas picadas e o sorvete.
Salpicar com as sementes vermelhas da romã.
Servir bem gelado.

Gil Felippe. *Árvores frutíferas exóticas*. São Paulo: Sarandi, 2007. p. 55.

UNIDADE 2

Solo: muito mais que o nosso chão

Se a terra não existisse, a gente pisava onde?

Tem gente que pensa que terra só serve para cavar buraco no chão, pra ser hotel de minhoca, pra enfiar poste de luz, ou então para sujar o pé de lama em dia de chuva, mas não é nada disso. Se não fosse a terra, a gente pisava onde? Se não fosse a terra, a gente construía nossa casa onde? [...] Pensando bem, a terra é a coisa mais importante do mundo em que vivemos. Ela é o solo, o chão, [...] o piso, o porto, o lugar onde a gente fica de pé e constrói a vida.

Ricardo Azevedo. *Você me chamou de feio, sou feio mas sou dengoso!* São Paulo: Moderna, 2007. p. 10-11.

Primeiros contatos

1. Você tem ideia do que há no solo? Cite um exemplo.

2. E os animais que vivem dentro do solo, você sabe o nome de alguns deles? De quais?

3. Você já observou um artesão fazendo objetos de barro? De onde ele retira material para fazer seu trabalho? Que técnica utiliza para transformar esse material?

7. De que é feito o solo?

Analisar amostras de solo

O solo é o local onde pisamos e construímos as moradias. Nele vivem animais e se desenvolvem plantas, entre elas as que utilizamos para a alimentação.

O solo é um componente da natureza formado por diferentes materiais.

Atividade prática

Observar e identificar componentes do solo

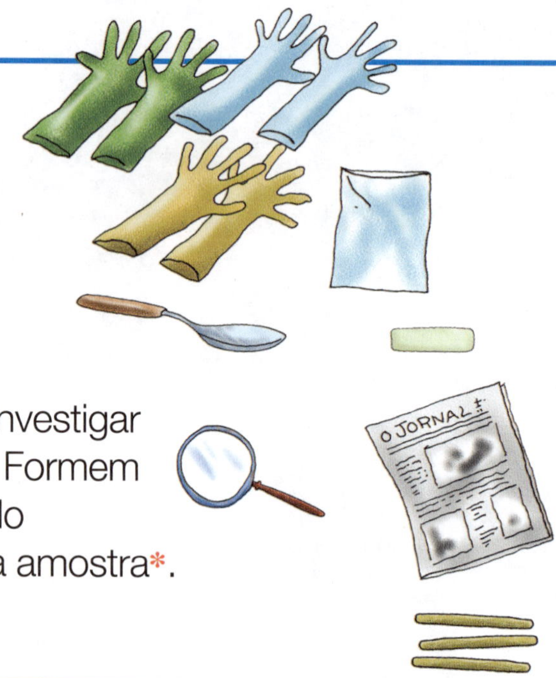

1. Que tipos de materiais compõem o solo do lugar onde você vive?
2. Será que esses mesmos materiais podem ser encontrados em solos de outros lugares?
   - Para responder a essas perguntas, vocês vão investigar a composição do solo de algum local próximo. Formem grupos de três alunos e sigam as orientações do professor sobre como e onde deverão coletar a amostra*.

Materiais para a coleta da amostra

- 6 saquinhos plásticos pequenos ou 3 pares de luvas plásticas descartáveis
- 1 saco plástico transparente para guardar as amostras
- 1 etiqueta
- 1 pá, espátula ou colher (de sopa) velha

* **Amostra:** porção de algum material coletado para ser analisado, como o solo.

Materiais para a observação da amostra

- folhas de jornal
- 3 palitos de sorvete
- 1 lupa

Atenção!

Um adulto deve acompanhar vocês nesta atividade. Usem as luvas ou os sacos plásticos para proteger as mãos.

Como fazer a coleta

- Para coletar a amostra de solo, usem pá, espátula ou colher.
- Transfiram a amostra para um saco plástico e etiquetem com as seguintes informações:

✓ nome dos componentes do grupo
✓ local de coleta da amostra
✓ data da coleta
✓ condição do tempo no dia da coleta (por exemplo, dia ensolarado, frio ou chuvoso)

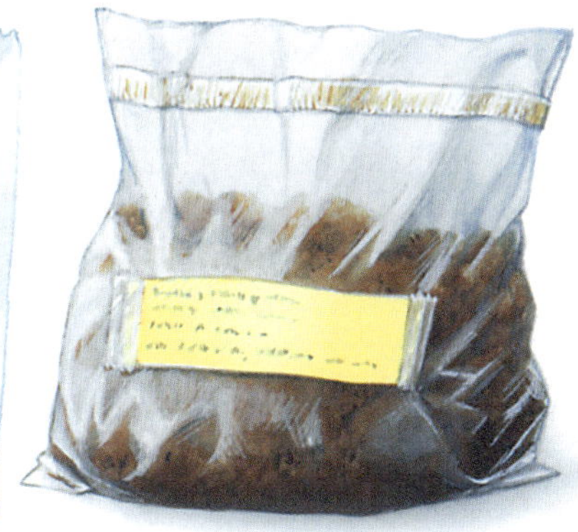

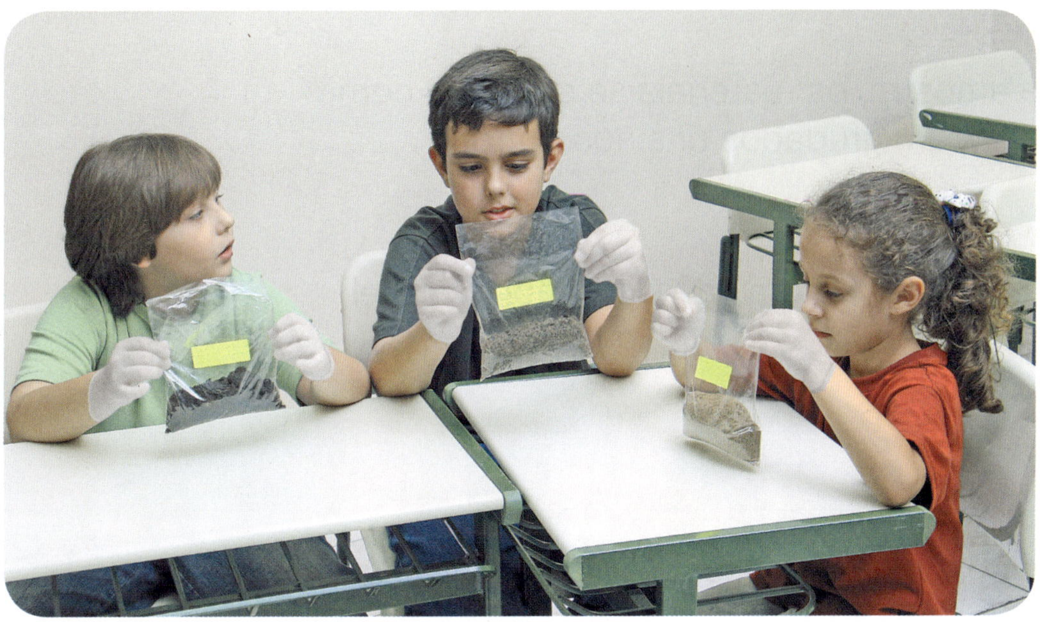

Alunos usam luvas para proteger as mãos.

- No dia combinado com o professor, levem a amostra e os materiais necessários para a observação.

Como observar

- Forrem as mesas com jornal.
- Coloquem a amostra sobre o jornal.
- Observem a amostra bem de perto e também com a lupa, procurando perceber detalhes dela.
- Examinem a amostra com um palito de sorvete para identificar os materiais que a compõem.

Com base na observação da amostra, façam os registros considerando as questões abaixo.

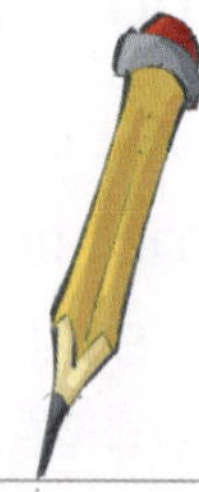

1. Há restos de animais ou de plantas na amostra? O que são esses restos?

2. É possível observar animais vivos? Que animais?

3. Ao tocar na amostra, os materiais se separam com facilidade ou ficam grudados uns aos outros?

4. A amostra está seca ou úmida? Como foi possível perceber isso?

5. Se houver pedaços de rochas, descreva a aparência delas.

6. As amostras têm cheiro? De quê?

7. Leiam as anotações que vocês fizeram e ajudem o professor a organizá-las em um cartaz coletivo. Pendurem o cartaz no “Canto de Ciências”.

Você sabia?

Profissão: pedólogo!

O pedólogo é o profissional que estuda o solo. Entre outras atividades, ele estuda as semelhanças e as diferenças entre os tipos de solo e sabe identificar os solos mais apropriados para cultivar cada tipo de planta.

Pedólogo trabalhando.

Componentes do solo

Os solos são compostos de ar, água, restos de seres vivos e pedaços pequenos de materiais sólidos chamados de rochas.

Raízes de cebolinha.

No solo, existem espaços entre os pedaços de rochas e os restos de seres vivos. Nesses espaços há presença de ar. Também por esses espaços as raízes das plantas penetram no solo para se fixar e dele retirar água e sais minerais.

Além das plantas, no solo vivem microrganismos e animais, como lesmas, tatuzinhos, formigas, cupins, caracóis e piolhos-de-cobra. Eles podem ficar abrigados ou circular à procura de alimentos e de água.

10 cm

Alguns animais, como o piolho-de-cobra, vivem sobre o solo.

Os seres vivos que habitam o solo necessitam do ar para respirar. Mas será que é possível perceber a presença de ar no solo?

Atividade prática

Observar e interpretar a presença de ar no solo

O professor organizará a classe em duplas e vocês vão realizar um procedimento para responder à questão proposta acima.

Material necessário

- 1 pote de vidro limpo (pode ser de maionese, por exemplo)
- água
- uma amostra de solo (pode ser terra de jardim)

Atenção!

Para manusear o solo não se esqueça de proteger as mãos com luvas ou com sacos plásticos.

Como fazer

- Coloquem a amostra de solo até a metade do pote.
- Lentamente, coloquem água no pote até cerca de dois dedos acima da superfície da amostra de solo.

1. Observem o que acontece. O que surge na água?

____

____

2. Como vocês interpretam esse resultado? Conversem com os colegas e anotem a conclusão da classe.

____

____

____

8. A decomposição dos seres vivos

A formação de húmus

Você sabia que cascas de frutas, de legumes e de ovos e restos de pó de café podem ser aproveitados no solo de pequenas plantações, vasos e jardins?

Em uma classe de 3º ano, o professor escreveu algumas informações no quadro de giz:

> ORIENTAÇÕES PARA O PRÓXIMO TRABALHO
>
> A. COLETEM EM CASA CASCAS DE FRUTAS, DE LEGUMES E DE OVOS E BORRA DE CAFÉ, EM SAQUINHOS PLÁSTICOS SEPARADOS.
>
> B. TRAGAM ESSE MATERIAL PARA A PRÓXIMA AULA.

Na aula seguinte, o professor levou para a classe uma caixa grande de madeira contendo terra de jardim. Espalhou sobre a terra as cascas e os restos de pó de café.

Depois, ele remexeu a terra e fez a primeira rega. Ao longo de um período combinado, os alunos regaram semanalmente a terra da caixa, sem encharcá-la.

1. O que você imagina que pode ter acontecido com a terra dessa caixa ao longo do período de observação? Justifique a sua hipótese.

____

____

2. A terra preparada dessa forma pode ser colocada em plantações, pomares e vasos. Por que as pessoas fazem isso?

____

O húmus é um material escuro e de textura macia. É formado a partir da decomposição de restos de plantas e de animais que se acumulam no solo. A decomposição é um processo em que determinados organismos, chamados decompositores, alimentam-se dos restos de seres vivos e os transformam em nutrientes. Os nutrientes ficam no solo e podem ser aproveitados pelas plantas.

Na caixa de terra descrita na página anterior, ocorreu o processo de decomposição das cascas dos alimentos. A terra, misturada ao material em decomposição, escureceu e ficou com um cheiro mais forte.

Um passo a mais...

1. Observe a ilustração e responda.

a) Que seres vivos ou partes de seres vivos é possível perceber no solo?

b) Quais componentes do solo você consegue identificar na ilustração?

c) Há componentes do solo que não podem ser identificados? Quais?

9. Uma fonte rica de materiais

Materiais que se originam das rochas

A areia e a argila são alguns dos materiais que compõem o solo. Elas são formadas por partículas, isto é, partes muito pequenas, de rochas.

Quartzo.

A areia é formada, principalmente, por partículas de uma rocha chamada quartzo. Observe na foto uma amostra dessa rocha.

As partículas que compõem a areia têm tamanhos variados e são visíveis a olho nu. Entre essas partículas há espaços por onde circulam, com facilidade, a água e o ar.

Amostra de areia.

A areia pode ter, naturalmente, diferentes colorações. Ela pode ser branca, preta, avermelhada, amarelada, dependendo do tipo de rocha que lhe deu origem. Na foto abaixo é possível observar diferentes cores da areia.

Falésias* de Morro Branco, no estado do Ceará.

* **Falésias:** desnível acentuado do terreno à beira-mar.

A argila, conhecida popularmente como barro, é formada de partículas menores que as da areia. Como as partículas são muito pequenas e ficam bem próximas umas das outras, há pouco espaço entre elas, o que dificulta a circulação da água e do ar.

Assim como a areia, a argila pode ter cores diferentes: verde, amarela, preta, vermelha, cinza, branca.

Observe o solo mostrado na foto ao lado. Ele é rico em argila.

Amostra de solo argiloso.

Atividade prática

Observar e comparar a retenção de água nos solos

1. Com base nas informações sobre a areia e a argila, que tipo de solo retém mais a água: um solo arenoso ou um solo argiloso?

____

Para verificar se o que você imaginou está correto, faça com seus colegas o experimento a seguir.

Material necessário

- 2 funis transparentes
- 2 frascos de vidro
- algodão
- quantidades iguais de amostra de solo arenoso e de amostra de solo argiloso
- água
- 2 etiquetas

Montagem do experimento

Observem a imagem dos funis para montar o experimento.

- Com a ajuda do professor, fixem os funis nos frascos de vidro.
- Ponham um chumaço de algodão dentro de cada funil.
- Coloquem a amostra de solo argiloso sobre o algodão do funil 1.
- Coloquem a amostra de solo arenoso sobre o algodão do funil 2.
- Despejem meio copo de água sobre cada uma das amostras de solo.
- Observem durante 20 minutos a passagem de água pelas amostras.

Funil 1: com amostra de solo argiloso.

Funil 2: com amostra de solo arenoso.

2. **Faça desenhos para representar o resultado do experimento.**

a) Indique nos desenhos: “solo argiloso”, “solo arenoso” e “água”.

b) Proponha uma justificativa para o resultado observado.

Cultivar em solo fértil

O ser humano cultiva plantas, para sua alimentação, em espaços como pomares, hortas e quintais. Cultivar essas plantas exige alguns cuidados. Vamos verificar quais são?

Atividade prática

Construir uma horta e cultivar alimentos

Material necessário

Reúna-se com mais dois colegas e, com a ajuda do professor, organizem os seguintes materiais:

- 1 garrafa plástica de 2 litros
- terra de jardim
- areia
- folhas secas de plantas
- terra com húmus
- sementes de temperos verdes, como salsinha e cebolinha, por exemplo
- água
- pá pequena ou colher velha
- luvas ou sacos plásticos para proteger as mãos
- 2 etiquetas

Como montar os vasos

- Para fazer os vasos, o professor vai cortar as garrafas plásticas e fazer pequenos furos no fundo. Observe na ilustração ao lado o aspecto que ela terá.
- Utilizem etiquetas para identificar os vasos. Anotem o nome de vocês e das plantas que serão cultivadas, por exemplo: vaso 1 – salsinha; vaso 2 – cebolinha.

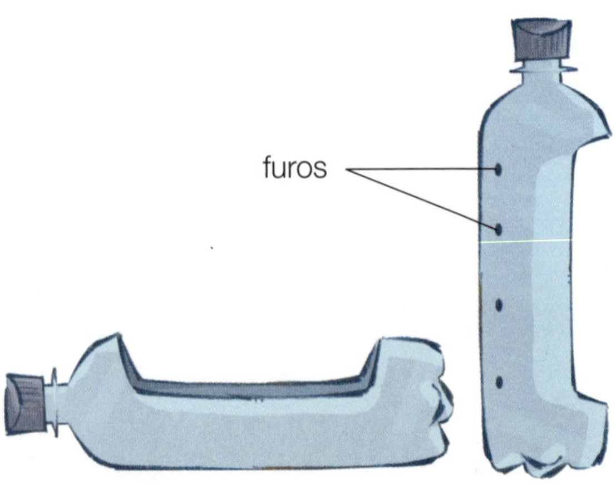

- Usem as luvas ou protejam as mãos com sacos plásticos. Com a pá, encham a garrafa com uma mistura de quantidades iguais de areia, terra de jardim e terra com húmus.
- Reguem o solo, sem encharcá-lo.
- Com a pá, façam pequenas covas no solo e, dentro delas, coloquem cerca de 8 sementes.
- Cubram as sementes com uma camada fina de terra de jardim e espalhem as folhas secas sobre a terra.
- O professor escolherá um local que recebe luz solar pelo menos durante um período do dia. Coloquem os vasos no local indicado pelo professor.
- Reguem diariamente os vasos, sem encharcar a terra, e acompanhem o crescimento das plantas. Os temperos cultivados poderão ser degustados por vocês em um delicioso lanche coletivo ou oferecidos como presente da classe aos adultos da escola e da família.

Atenção!

Ao final do trabalho, lavem bem as mãos.

Registros da observação

- Em folhas avulsas, façam registros por meio de textos e desenhos, representando etapas do desenvolvimento das plantas.
- Durante esse período, guardem as folhas avulsas no "Canto de Ciências".

Discutindo os resultados

1. Ao final do período de observação, troquem ideias sobre os registros feitos. Comparem o desenvolvimento das plantas cultivadas.

2. Que cuidados vocês tomaram para que as sementes germinassem e os temperos se desenvolvessem?

3. Vocês consideram que o solo preparado para esse cultivo é adequado? Por quê?

Um passo a mais...

Observe e compare os solos dos ambientes representados nas imagens.

Estrada na região de Campos do Jordão, estado de São Paulo, 1999.

Dunas no Parque Nacional dos Lençóis Maranhenses, estado do Maranhão, 2006.

1. Assinale o ambiente em que:

a) O solo retém menos a água.

☐ ambiente 1 ☐ ambiente 2

b) O solo, provavelmente, fica mais encharcado em dias de chuva.

☐ ambiente 1 ☐ ambiente 2

c) O solo é composto de partículas de tamanhos diferentes, visíveis a olho nu.

☐ ambiente 1 ☐ ambiente 2

2. Uma pessoa preparou o solo para o plantio da seguinte maneira: uma parte de solo argiloso, uma parte de solo arenoso e uma parte de solo rico em húmus.

- Em sua opinião: qual é a vantagem dessa mistura?

____

____

____

10. O uso de materiais do solo

A confecção de objetos

A areia e a argila podem ser utilizadas na indústria e no artesanato para fazer objetos.

Veja na sequência seguinte um exemplo de como a areia pode ser transformada para fazer objetos.

Processo de produção do vidro

1

A areia é colocada dentro de um forno grande, junto com outros materiais, e se transforma em uma massa grossa e muito quente.

2

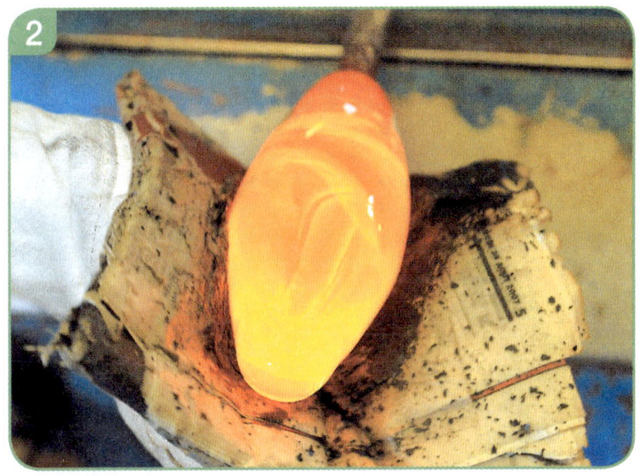

A massa produzida a partir da areia é chamada de massa de vidro.

3

Os vidreiros sopram a massa de vidro para dar diferentes formatos a ela.

4

Os artesãos moldam a massa de vidro para fazer diversos objetos.

1. Com base nas imagens, identifique o que permite a transformação da areia em vidro.

A produção de uma peça artesanal envolve vários passos. Acompanhe as etapas da confecção de panelas de argila, feitas por artesãs. Para isso, você utilizará o encarte da página 141: *Paneleiras de Goiabeiras**.

* **Paneleiras de Goiabeiras:** artesãs do bairro de Goiabeiras, na cidade de Vitória (estado do Espírito Santo), que produzem panelas de argila.

2. **Recortem e colem as imagens do encarte, de acordo com as informações descritas nas legendas abaixo.**

Extração de argila no Vale do Mulembá, em Vitória, capital do Espírito Santo.

Com a casca de uma planta, chamada mangue-vermelho, prepara-se uma tintura que será aplicada nas panelas.

A modelagem das panelas e a confecção e fixação das alças são feitas com as mãos.

As panelas são polidas com uma pedra e depois queimadas a céu aberto, em uma fogueira.

Depois da queima, as panelas recebem a tintura preparada. Para isso é usada uma "vassourinha" feita a partir de uma planta.

As panelas estão prontas para venda, que, geralmente, é feita pelas próprias paneleiras.

Um passo a mais...

1. **Leia o texto e responda.**

Artesãos de uma comunidade rural chamada Chã de Piá, localizada na cidade de Areia, no estado da Paraíba, extraem um tipo especial de barro, conhecido como "loiça de barro". Com ele, os artesãos modelam peças com as mãos. A "loiça de barro" é retirada de um local conhecido como "barreiro", onde se formam poças d'água e o solo fica umedecido.

a) Que informações do texto indicam que o material utilizado pelos artesãos é a argila?

____

____

____

b) Imagine que outro grupo de artesãos da mesma comunidade rural utiliza areia para fazer artesanato. Você acha que o local de retirada da areia apresenta as mesmas condições do que os "barreiros"?

11. Vida de minhoca

Hábitos de vida

Muitos animais vivem no interior do solo, como a minhoca. Você já observou esse animal de perto? Como ele é?

As minhocas são animais de hábito de vida noturno, isto é, buscam seus alimentos à noite. Elas vivem no interior do solo e se alimentam de restos de plantas e animais que estão misturados a ele. Na busca pelo alimento, cavam túneis subterrâneos.

Vocês vão ajudar o professor a montar um criadouro de minhocas, o minhocário. Assim, poderão observar o comportamento delas e saber mais sobre seus hábitos de vida.

Minhoca sobre o solo.

Atividade prática

Observar um minhocário e reconhecer hábitos de vida das minhocas

Material necessário

- 1 frasco de vidro grande, de boca larga
- água para molhar a terra
- algumas pedras pequenas, areia, folhas de plantas caídas no chão, terra mais argilosa e terra de jardim
- um pedaço de cartolina preta
- fita adesiva
- luvas ou saquinhos plásticos
- um pedaço de barbante
- etiqueta
- cerca de 10 minhocas
- uma folha de papel sulfite
- um pedaço de tecido fino, como o filó

Como observar a minhoca

- Vistam as luvas ou protejam as mãos com os sacos plásticos.
- Coloquem com cuidado uma minhoca sobre a folha de papel sulfite. Observem o corpo dela e como ela se movimenta.

1. Descrevam o corpo da minhoca.

____

____

____

____

Como montar o minhocário

- Realizem as etapas seguintes tendo como referência a sequência de imagens ao lado.
- Encham o frasco de vidro, um pouco acima da metade, com camadas dos materiais na sequência: pedrinhas, areia, terra argilosa e terra de jardim.
- Acrescentem as folhas de plantas e reguem o solo, sem encharcá-lo.
- Coloquem as minhocas, com cuidado, sobre as camadas.
- Com fita adesiva, colem o pedaço de cartolina preta na parte de trás do frasco.
- Envolvam a boca do frasco de vidro com o tecido, amarrando bem com o barbante.
- Colem uma etiqueta no frasco com o nome da classe e a data da montagem do minhocário.

Etapas da montagem do minhocário.

Observação do minhocário

- Observem o minhocário ao longo de uma semana. Ao final desse período, descolem com cuidado o pedaço de cartolina preta do frasco.

2. **Que diferenças vocês observam entre o solo que ficou coberto pela cartolina e o solo exposto? Há minhocas nas duas porções de solo?**

3. **Vocês imaginam alguma explicação para essas diferenças?**

- Colem novamente o pedaço de cartolina preta no frasco. Mantenham a observação por uma semana ou mais.

4. **Ao final desse período, registrem suas observações.**

a) O que acontece com o solo conforme as minhocas se movem?

b) As minhocas ficam mais na superfície ou no interior do solo?

Os túneis escavados pelas minhocas colaboram para que os solos fiquem mais arejados, isto é, com melhor circulação de ar. Por esses espaços a água da chuva ou da rega também pode entrar mais facilmente.

As fezes que as minhocas eliminam são denominadas húmus de minhoca, por serem ricas em nutrientes. Os solos enriquecidos com esse material costumam ser férteis e úmidos, de cor escura e macios.

5. **Utilizem os registros para elaborar um texto coletivo sobre hábitos de vida da minhoca e sua ação sobre o solo. Montem um cartaz e exponham-no no "Canto de Ciências".**

12. O solo e a saúde do ser humano

Cuidados com a higiene

No solo, há seres vivos que podem contaminar o corpo humano e causar doenças.

Na hora da brincadeira, por exemplo, alguns cuidados devem ser tomados para evitar a contaminação do corpo. Vamos refletir sobre isso?

1. Assinale as atitudes que ajudam a prevenir a contaminação do corpo humano.

- [ ] Pôr as mãos na boca, nos olhos ou no nariz durante a brincadeira.
- [ ] Deixar as mãos, os pés e as pernas desprotegidos, em contato com o solo.
- [ ] Usar calças compridas e sandálias ou tênis.

- [ ] Lavar as mãos e os pés depois de brincar.
- [ ] Comer durante a brincadeira, sem antes lavar as mãos.
- [ ] Após a brincadeira, lavar os brinquedos para tirar os restos de areia.

Doenças transmitidas por meio do solo

Além de plantas e animais, também são encontrados no solo diversos microrganismos. Alguns desses microrganismos podem causar doenças.

O **tétano** e o **amarelão** são algumas das doenças transmitidas por meio do solo.

O tétano pode ser transmitido pelo contato com latas enferrujadas.

O microrganismo causador do tétano vive no solo e também pode ser encontrado em espinhos de plantas, em esterco e em objetos enferrujados. Ele penetra no corpo humano por meio de arranhões e ferimentos na pele.

O solo aparentemente limpo pode conter microrganismos causadores de doenças.

O tétano é uma doença tão grave que pode levar uma pessoa à morte. É possível se prevenir contra ela tomando doses de uma vacina chamada antitetânica. Essa vacina está prevista na Carteira de Vacinação e deve ser reaplicada a cada 10 anos.

Além dos microrganismos, também podem ser encontrados no solo ovos de vermes causadores de doenças, como a lombriga. O amarelão é uma doença causada por um verme, que recebe o nome de ancilóstomo.

Acompanhe por meio do esquema as etapas do ciclo de vida do ancilóstomo e como ele pode contaminar uma pessoa.

Forma de contágio do amarelão

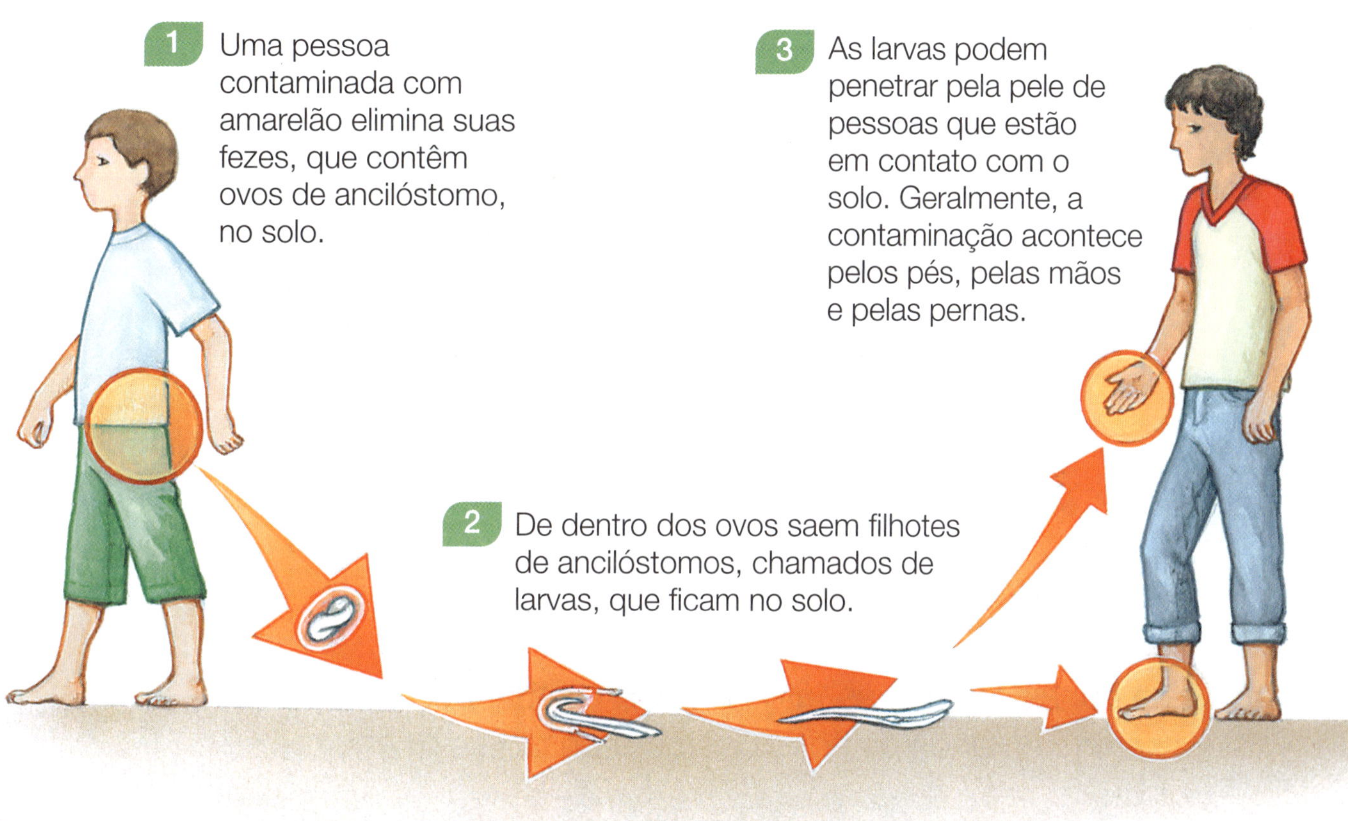

As pessoas com amarelão ficam magras e pálidas, isto é, com a pele amarelada. Elas se sentem muito fracas, sem ânimo para realizar qualquer atividade.

Monteiro Lobato, um dos grandes nomes da literatura brasileira, escreveu o livro representado na imagem ao lado, há cerca de 80 anos.

Nesse livro, ele retrata uma personagem, o Jeca Tatuzinho, que apresenta as mesmas características descritas acima.

Um passo a mais...

1. Observe as situações representadas nas fotos abaixo.

a) Você considera que as fotos mostram situações em que os seres humanos estão expostos a possíveis doenças? Por quê?

____

____

____

b) Quais cuidados de higiene poderiam evitar o risco de contaminação?

____

____

____

2. **Complete o texto com base no que você sabe sobre o amarelão.**

Jeca Tatuzinho, personagem da literatura, era um homem do campo. Jeca era saudável, porém foi emagrecendo muito e passou a se sentir desanimado, ________________ e com dores pelo corpo.

Um dia, um médico passou em frente à casa de Jeca Tatuzinho e ficou espantado com o aspecto dele. Jeca apresentava sintomas* de uma doença conhecida como ________________.

O médico explicou ao paciente que essa doença é causada por ________________. Eles depositam seus ovos no solo e de dentro dos ovos nascem ________________, que podem penetrar na pele do corpo humano. A contaminação pode acontecer, por exemplo, por meio do contato dos pés com o ________________.

Medicado adequadamente, depois de um tempo, Jeca Tatuzinho ficou curado, voltando a ser uma pessoa saudável e com vontade de trabalhar.

> * **Sintomas:** mudanças no organismo provocadas por uma doença.

3. **Observe, na página 65, o aspecto da personagem Jeca Tatuzinho na capa do livro. Por meio dessa imagem, é possível saber algumas coisas sobre a personagem.**

a) Qual hábito de Jeca fez o médico acreditar que ele havia sido contaminado por meio da pele?

____

b) Quais outros dois sintomas ajudaram o médico a identificar a doença?

____

____

Refletindo mais

Argila para moldar cultura

Observe o menino da foto ao lado. Você já trabalhou com argila molhada, como ele está fazendo? Que sensação você teve ao tocá-la com as mãos?

Menino fazendo artesanato em argila, em Turmalina, Minas Gerais, 2004.

Você vai moldar uma peça de artesanato em argila para conhecer as características desse material.

Material necessário

- argila para modelagem
- água
- jornal
- restos de folha de cartolina
- tinta guache para pintar a argila

Como moldar o objeto

- Escolha um objeto que revele a cultura da sua região e que tenha algum significado para você.

- Faça um desenho dessa peça.

- Reúna-se com dois colegas e forrem uma mesa com jornal. Sobre esse papel, façam a modelagem e a pintura das peças de argila.
- Combinem com o professor um local para deixar as peças secarem durante alguns dias.
- Deem um nome às peças prontas e exponham seus trabalhos aos outros colegas da classe. Contem a eles por que vocês escolheram fazer essas peças e o que elas representam.
- Com a ajuda do professor, organizem uma exposição das peças no "Canto de Ciências". Coloquem uma etiqueta de cartolina, ao lado de cada uma delas, com o nome da obra e do artesão que a criou.
- Convidem alunos de outras classes para visitar a exposição de vocês.

Jacinta Francisca Xavier, artesã, no município de Turmalina, Minas Gerais, 2004.

Menino com peças de artesanato em argila feitas por ele e sua família.

As fotos desta página mostram exemplos de obras que representam a cultura de um lugar. A exposição organizada pela classe também terá essa função.

UNIDADE 3

O planeta Terra pede nossa atenção

Diariamente, consumimos muitos produtos, como alimentos e objetos feitos de plástico, madeira, vidro, metal, tecido. Depois de usada, boa parte do que consumimos é jogada fora.

Você tem ideia de para onde vai tudo isso?

Ilustração com base em *A rota do lixo*. Disponível em: www.cempre.org.br. Acesso em: 13 jul. 2009.

Primeiros contatos

1. Para você, o que é lixo?
2. O lixo pode ter alguma utilidade? Caso sua resposta seja sim, diga qual é a utilidade.
3. Você costuma aproveitar objetos de vidro, metal e plástico que seriam jogados no lixo de sua casa? Como você faz isso?
4. Em sua casa, vocês separam produtos para a reciclagem? Como isso é feito e que produtos são separados?
5. E na escola, isso acontece?

13. O nosso lixo de cada dia

O que é lixo?

A palavra lixo sempre nos faz pensar em sujeira, em tudo aquilo que não nos serve mais e, por isso, deve ser jogado fora.

Mas será que lixo é isso mesmo?

1. Identifique os objetos e os restos de alimentos que Nojinho, a personagem da tira, está jogando fora.

2. Você já presenciou cenas semelhantes a essas?

a) Se sim, onde? Conte aos colegas.

b) O que você pensa sobre o comportamento do Nojinho?

3. Reveja o que foi jogado fora pela personagem. Depois, desenhe esses produtos dentro do latão adequado.

Latão 1 – O que deve ser jogado fora.

Latão 2 – O que ainda pode ser reaproveitado.

4. Selecionar os materiais antes de jogá-los fora, como você fez na atividade anterior, pode trazer algum benefício? Qual?

5. Leia o texto e responda.

Atualmente consideramos lixo tudo aquilo que é descartado. As coisas podem ser descartadas porque ninguém as quer mais, porque estão estragadas ou não servem mais para o uso, ou porque não têm valor comercial, isto é, não podem ser vendidas ou reaproveitadas para fazer novos produtos.

- Você considera adequado chamar de lixo todos os objetos com as características mencionadas pelo texto? Por quê?

Investigue

Quando falamos em lixo, precisamos também pensar na quantidade de resíduos produzida, diariamente, por residências, indústrias, construções, escolas, plantações, escritórios e outros.

Você tem ideia da quantidade de lixo que é produzida diariamente na sua cidade? Vamos investigar?

1. Primeiro, imagine um número que represente essa medida em quilogramas.

2. Em seguida, descubra quantos habitantes vivem na sua cidade. Anote esse dado.

____

As empresas encarregadas da coleta de lixo calculam que cada habitante de uma cidade grande produz cerca de um quilograma de lixo por dia.

3. Considerando a informação acima, quantos quilogramas de lixo, aproximadamente, são produzidos por dia pela população de sua cidade? Essa medida é maior ou menor do que você havia imaginado?

____

4. O que vocês pensam sobre a quantidade de lixo produzida na sua cidade?

____

____

____

____

De onde veio tudo isso?

Todos nós já presenciamos situações semelhantes à mostrada na tira do Nojinho. Também é comum vermos em jornais, revistas e na televisão cenas como estas representadas a seguir.

1

Lixo acumulado na calçada de uma rua.

2

Lixo acumulado em córrego próximo a residências.

6. Escrevam no quadro uma provável causa para cada uma das situações retratadas nas fotos. Proponham atitudes que contribuam para reduzir ou acabar com o problema apresentado.

Imagem	Causa	Estratégias para reduzir
1	______ ______	______ ______
2	______ ______	______ ______

- Compartilhem com as outras duplas o que vocês registraram.

7. Você sabe o que significa a palavra **poluição**? Consulte um dicionário para verificar o significado dessa palavra e anote o que descobriu.

___

___

8. Na sua opinião, as cenas das fotos anteriores representam situações de poluição? Se você acha que sim, o que está poluído?

___

___

9. Situações como essas podem causar que prejuízos ao ambiente?

___

___

___

Dizemos que um ambiente está poluído quando os resíduos que eliminamos alteram o equilíbrio do ambiente ou fazem mal aos seres que vivem nele. Esses resíduos podem ser materiais usados para fazer objetos, como plásticos, metais e vidros, entre outros. Resíduos como restos de alimentos, fezes e urina de seres humanos e outros animais, fumaça de automóveis e até produtos de limpeza também são poluentes.

A poluição pode afetar a água, o solo e também o ar, como você pode observar na imagem ao lado.

Para diminuir a poluição é preciso que todos reflitam sobre suas ações no dia a dia.

Poluição lançada no ar por uma fábrica que produz embalagens.

14. Sujeira que traz doenças

Os perigos do acúmulo de lixo

No lixo acumulado em ruas, córregos, terrenos baldios e lixões vivem muitos microrganismos que contaminam os ambientes. Além disso, no lixão forma-se um líquido tóxico, chamado chorume, que pode contaminar a água. Por isso, locais com lixo acumulado são focos de transmissão de doenças.

Lixão com acúmulo de lixo e chorume.

Esquema que representa o que acontece no lixão

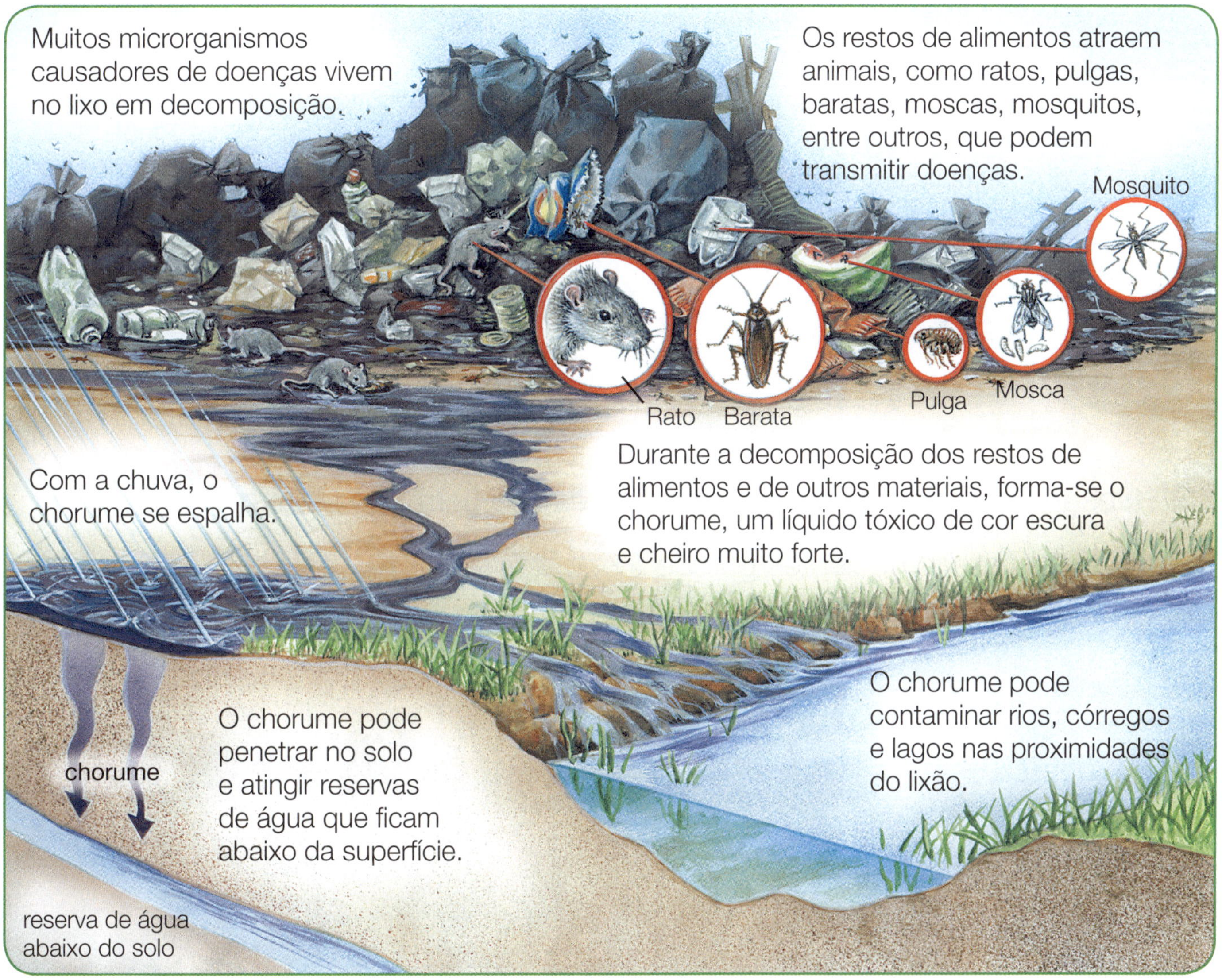

Os animais transmissores de doenças também encontram abrigo no entulho, em pneus velhos e em embalagens de alimento, por exemplo.

Em época de chuva, o lixo pode acumular água e favorecer o aumento de casos de doenças, como a dengue. A leptospirose também é uma doença que pode ser transmitida em locais com acúmulo de lixo.

1. Leia a notícia publicada sobre a leptospirose.

Santa Catarina já registra 41 casos de leptospirose após as enchentes

[...] População deve procurar médico ao perceber sintomas da doença.

Já chega a 41 o número de casos confirmados de leptospirose em Santa Catarina depois das enchentes. O dado foi divulgado nesta quarta-feira (10/12/08) [...].

Os sintomas da doença incluem febre alta, dor de cabeça e dores musculares. Pode ocorrer icterícia (coloração amarelada da pele e das mucosas*), insuficiência renal*, hemorragias* [...]. Para evitar a contaminação, o governo orienta que as pessoas evitem contato com a água restante da enchente e a lama acumulada.

Disponível em: http://g1.globo.com/Noticias/Brasil/0,,MUL918499-5598,00.html. Acesso em: 10 dez. 2008.

* **Mucosas:** tipo de pele, umedecida, que recobre a parte interna de órgãos do corpo humano, como a boca.

* **Insuficiência renal:** mau funcionamento dos rins.

* **Hemorragia:** perda de sangue em grande quantidade.

2. Observe o aspecto físico dos pacientes da ilustração abaixo:

- Qual desses pacientes parece estar com leptospirose? Por quê?

____

____

____

____

____

3. O paciente contaminado disse que começou a sentir-se mal depois das fortes chuvas que ocorreram em sua cidade.

- Desenhe uma situação que mostre como ele pode ter contraído a doença.

4. Leia o texto e responda.

A leptospirose é transmitida por um microrganismo presente na urina do rato. Nas enchentes, essa urina se mistura às águas das chuvas que enchem as ruas e invadem as residências.

- Que medidas as pessoas podem tomar para evitar a contaminação por leptospirose?

A dengue é uma doença transmitida pela picada do mosquito representado na ilustração ao lado. Ele se chama *Aedes aegypti*. A fêmea desse mosquito pica uma pessoa porque precisa de sangue para nutrir seus ovos.

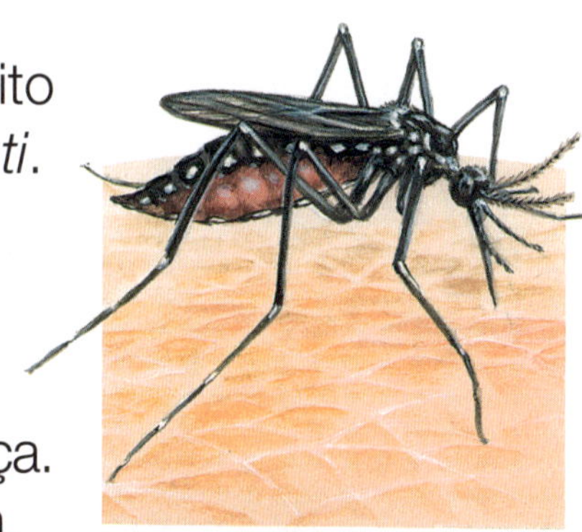
O mosquito transmissor do vírus da dengue.

Os mosquitos transmissores da dengue carregam, em sua saliva, seres chamados vírus. São esses vírus que causam a doença. Os mosquitos passam o vírus para o ser humano durante a picada. Para se proteger das picadas, é preciso usar calças compridas, camisetas de manga longa e passar repelente de insetos.

Alguns sintomas comuns da dengue são febre, dor de cabeça, dores musculares, nas juntas e nos olhos.

A fêmea do *Aedes aegypti* deposita seus ovos em locais em que há água limpa parada. Por isso, esses locais são considerados focos de transmissão da doença.

Investigue

Vamos saber mais sobre como prevenir a transmissão da dengue?

1. Conversem com adultos e consultem materiais selecionados pelo professor que contenham informações sobre a dengue.

a) Descubram locais de uma residência que podem tornar-se focos de transmissão da dengue.

b) Assinalem as alternativas que representam práticas que evitam a formação de focos de transmissão da dengue.

15. Transformar os materiais

A decomposição na natureza

Os produtos que jogamos fora precisam ser decompostos para que deixem de existir. Enquanto a decomposição não ocorre, uma grande quantidade de resíduos de todos os tipos de materiais fica acumulada no solo, nas águas dos rios, mares e lagos.

1. **Será que todos os materiais que constituem os produtos levam o mesmo tempo para serem decompostos na natureza, ou existem materiais que demoram mais tempo do que outros?**

- Vamos fazer um teste para responder a essas questões.

Atividade prática

Testar e analisar a decomposição de materiais no solo

Reúna-se com mais três colegas para realizar a atividade.

Materiais necessários

- caixa de sapatos com pequenos furos na tampa
- saco plástico para forrar a caixa
- terra suficiente para encher a caixa até a metade
- palitos de sorvete
- pedaço de papel sulfite usado
- pedaço de folha de jornal
- pedaço de madeira sem pintura
- casca de ovo
- folhas de árvores coletadas do chão
- cascas de frutas
- um tomate cortado ao meio
- uma bolinha de gude
- uma tampinha de plástico
- 1 clipe grande
- meio copo de água
- pares de luvas ou sacos plásticos
- 1 lupa
- 1 etiqueta.

Como preparar a caixa

Colem na caixa a etiqueta com os nomes dos componentes do grupo e a data de início da observação.

- Forrem o fundo da caixa com o saco plástico e coloquem a terra. Veja a foto ao lado.
- Distribuam os materiais, deixando uma parte deles recoberta por terra e outra parte na superfície.
- Umedeçam a terra e os materiais. Tampem a caixa.
- O professor colocará as caixas em um local escuro, à temperatura ambiente.
- As observações serão feitas por cinco semanas.

Registro das observações

- Após uma semana, tirem a tampa da caixa e observem cada um dos materiais.
- Fiquem atentos às mudanças de odor, cor e consistência dos materiais. Verifiquem se houve aparecimento de manchas ou fiapos.
- Utilizem a lupa para observar melhor alguns detalhes.
- Antes de fechar novamente a caixa, umedeçam a terra.
- Repitam a observação por mais quatro semanas.

Atenção!

Lembrem-se de usar luvas ou sacos plásticos para proteger as mãos; utilizem um palito de sorvete para revolver a terra e observar os materiais que estão dentro dela. Evitem aproximar o rosto da montagem; pode haver seres vivos prejudiciais à saúde.

1. Registre no quadro, por escrito ou com desenhos, o que foi observado.

	Materiais que apresentaram mudanças	Materiais que não apresentaram mudanças	Mudanças observadas
1ª observação Data: __/__/__			
2ª observação Data: __/__/__			
3ª observação Data: __/__/__			
4ª observação Data: __/__/__			
5ª observação Data: __/__/__			

Análise das informações

2. Reúnam-se com os colegas do grupo e respondam.

a) Quais materiais apresentaram mudanças ao longo do período de observação? Descrevam o que aconteceu e tentem explicar o motivo das mudanças.

b) Quais materiais apresentaram poucas mudanças? Elaborem uma explicação para esse resultado.

c) Você acha que o ocorrido na caixa também acontece na natureza? Justifique a sua opinião.

Materiais como o plástico, a borracha de alguns tipos de pneus, o metal das latinhas de refrigerantes e sucos, o vidro e o cimento usados nas construções não são decompostos pelos microrganismos. Esses materiais acabam se desfazendo ao longo de muitos anos pela ação da água da chuva e dos raios solares, por exemplo.

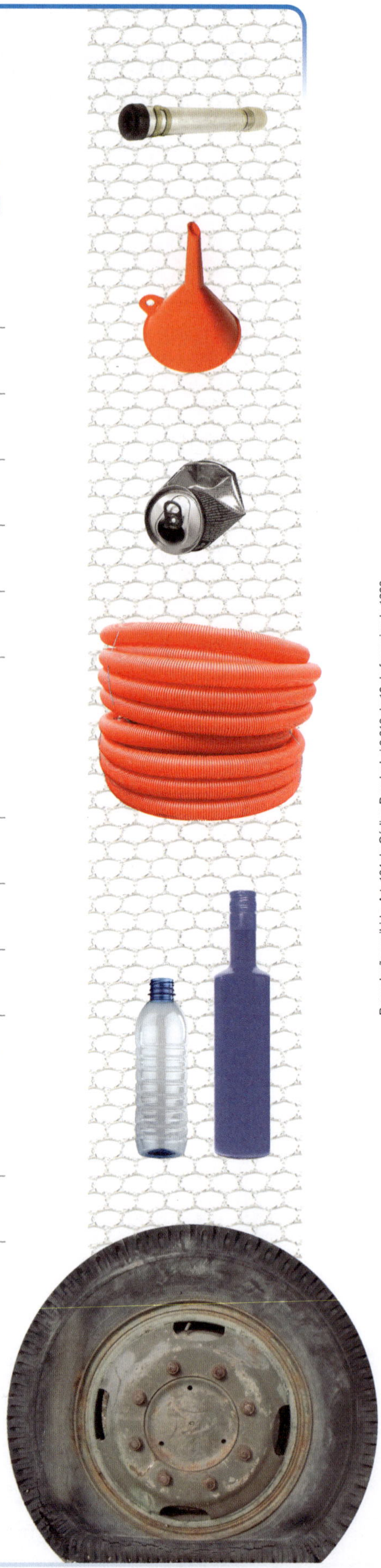

Um passo a mais...

1. Leia com atenção os dados da tabela. Depois, responda.

Material	Tempo aproximado de decomposição no solo
Restos de alimentos	2 semanas a 12 meses
Papel	3 a 12 meses
Madeira sem pintura	6 meses
Madeira pintada	15 anos
Goma de mascar	5 anos
Fralda descartável	cerca de 450 anos
Alumínio	200 a 500 anos
Plástico	mais de 100 anos
Borracha de pneu comum	cerca de 600 anos
Vidro	indeterminado
Isopor	indeterminado
Cimento	indeterminado

Os materiais com tempo de decomposição "indeterminado" levam milhares de anos para serem decompostos na natureza.

a) Qual material é decomposto mais rapidamente na natureza?

b) Por que será que a madeira pintada demora mais tempo para ser decomposta que a madeira sem pintura?

c) Imagine se você e seus colegas tivessem uma máquina do tempo e pudessem viajar para o futuro. Lá, encontrariam resíduos de copos plásticos em decomposição, descartados por vocês hoje.

✓ Por volta de que ano, provavelmente, vocês fariam essa descoberta?

✓ Nessa mesma época seria possível encontrar isopor em estado avançado de decomposição? Por quê?

16. Reduzir, reutilizar, reciclar

O princípio dos 3 Rs

A grande quantidade de lixo produzido pela população mostra que é preciso investir em ações, individuais e coletivas, para resolver esse problema. Três ações principais podem ser adotadas e todas elas começam com a letra **R**:

- ✓ **R**eduzir a produção de lixo.
- ✓ **R**eutilizar produtos.
- ✓ **R**eciclar materiais.

Essas iniciativas fazem parte do "Princípio dos 3 **Rs**."

1. Procure no dicionário ou converse com adultos para saber o significado das palavras a seguir.

Reduzir:

____

____

Reutilizar:

____

____

Reciclar:

____

____

Reduzir a quantidade de lixo produzido depende de ações simples, como desperdiçar menos, dar preferência à compra de produtos que durem mais e consumir apenas o que é necessário.

2. Pense nas seguintes situações e responda.

a) Você costuma pedir aos adultos que comprem determinados alimentos apenas porque eles têm embalagens atraentes?

b) É importante para você que esses alimentos façam bem à saúde? Explique.

c) Você tem o hábito de pedir a um adulto que compre algum produto divulgado na televisão só porque achou bonito ou porque um colega tem igual? E os brinquedos que você não quer mais, o que costuma fazer com eles?

d) Em sua casa, são consumidos com frequência produtos com embalagens descartáveis, isto é, que são jogadas fora após abertas? São embalagens feitas de que material?

Reutilizar é reaproveitar, isto é, dar nova utilidade a produtos que na maioria das vezes consideramos inúteis.

Lembre-se das receitas preparadas com cascas, talos e sementes de plantas. Objetos usados e bem conservados podem até ser vendidos e comprados em lojas especializadas: nos "sebos" encontram-se livros, CDs e DVDs; e nos "brechós" há roupas, bolsas, bijuterias e sapatos.

Comente com os adultos com quem você mora que as compras de supermercado podem ser carregadas em sacolas de pano, que são resistentes e duráveis!

Piso feito de resíduos de pneus.

As sacolas feitas de pano são reutilizáveis.

- Veja outros exemplos de reutilização.

Aproveite os dois lados das folhas de papel. Um dos lados pode ter um texto que você escreveu ou imprimiu e não ficou muito bom. O outro lado é um belo rascunho!

Peça aos adultos de sua casa que comprem produtos com embalagens retornáveis. Algumas embalagens de vidro, por exemplo, podem ser devolvidas no local de compra e utilizadas novamente pelas indústrias.

3. Escrevam dois outros exemplos de reutilização de produtos.

4. Leiam para os colegas o que vocês escreveram.
O professor anotará as ideias em uma cartolina que ficará exposta no "Canto de Ciências".

Fazer arte

Alguns produtos, que normalmente seriam jogados no lixo, podem ser transformados em obras de arte. Isso também é reutilizar materiais. Pedaços de madeira viram brinquedos, potes de vidro são usados para fazer utensílios domésticos decorados, metais originam esculturas.

- Veja exemplos de obras em que foram utilizados produtos que seriam jogados no lixo.

Bordado feito com lacres de latinhas de alumínio.

Boneco feito com tampinhas de garrafa.

O fazedor de montanhas, escultura criada em 2006 por Silvio Galvão, com a participação dos trabalhadores da Cooperativa de Arte Alternativa e Coleta Seletiva.

Maquete de habitações populares feita de material reciclável pelo artesão Lino Silva, morador da Rocinha, na cidade do Rio de Janeiro, 2006.

17. Reciclar produtos

O 3º R

Todos os dias, utilizamos uma grande quantidade de produtos feitos com diversos materiais, como papel, alumínio, plástico e vidro. Mas o que acontece com esses materiais depois de usados?

1. Leia a letra desta música e pense no seu dia a dia.

É preciso reciclar

Reciclar o lixo é a solução
Pra acabar de vez com a poluição
O que é reciclado logo se transforma
E a gente reutiliza, mas de outra forma
Plástico vira bola, papel vira sacola
É só ter consciência do que se joga fora
Na hora de jogar,
separe o lixo direitinho
Assim você terá
um mundo muito mais limpinho

E o lixo transformado
não será mais despejado
nos campos, nos rios,
nas ruas e cidades.
Pra nossa felicidade!

Reciclar, reciclar...
É preciso reciclar!
Reciclar, reciclar...

A gente tem que reciclar!

Marcio Araújo e Robson Bala. *Turma da Mônica: Planeta Terra* (CD). São Paulo: VZ Multimídia, 2008.

a) Com base na letra da música, explique o que você entendeu sobre a reciclagem.

____

____

b) Copie um trecho da música que se refira às vantagens que a reciclagem pode trazer para a natureza.

____

Garrafas e copos de vidro.

A reciclagem, assim como a reutilização, é uma forma de reaproveitar produtos que seriam descartados.

Por meio da reciclagem, materiais usados são transformados em novos produtos, que podem ser comercializados. Com a reciclagem das latas de alumínio, por exemplo, é possível fazer novas latas, panelas, janelas etc. Com as garrafas de plástico, de água ou de refrigerante, são produzidos fios que podem ser utilizados na fabricação de roupas, tapetes, escovas de limpeza etc.

Papel e papelão.

Mas você sabe o que pode ser reciclado? Veja alguns exemplos de produtos feitos com materiais recicláveis:

- revistas, jornais, caixas de papelão, folhas de caderno, embalagens longa-vida;
- latas de óleo, de refrigerantes ou sucos;
- copos e garrafas de vidro;
- garrafas plásticas, tampas plásticas, sacos plásticos, potes de manteiga, margarina, iogurte etc.

Garrafas plásticas.

Embalagens de alumínio.

Embalagens de plástico.

Lendo os rótulos de alguns produtos, é possível saber, por exemplo, se suas embalagens são recicláveis ou não.

O símbolo ao lado identifica embalagens recicláveis.

2. Quais dos produtos mostrados nas fotos da página 91 são jogados, com frequência, no lixo de sua casa?

3. Quais deles são separados para reciclar? De que materiais eles são feitos?

Após serem separados e limpos, os materiais podem ser enviados para a reciclagem. Algumas cidades brasileiras desenvolvem projetos de coleta seletiva de lixo. Em dias determinados, caminhões recolhem materiais recicláveis descartados nas residências, empresas, indústrias.

Em muitas cidades são encontrados, em diferentes locais, recipientes com cores específicas que identificam o material reciclável que deve ser depositado em cada um deles. Os materiais depositados nos recipientes e recolhidos pelos caminhões são levados para as indústrias de reciclagem, onde darão origem a outros produtos.

Latões usados para fazer a separação dos materiais que serão reciclados.

4. Você já tinha visto latões como esses? Onde?
   - Eles estavam sendo utilizados adequadamente pelas pessoas? Conte o que você pôde perceber.

5. Você sabe por que é importante separar o lixo orgânico do reciclável?

Resíduos especiais

Muitas pessoas não sabem como fazer o descarte de certos objetos utilizados no dia a dia. Observe alguns deles nas fotos a seguir.

Diferentes tipos de bateria.

Pilhas de diversos tamanhos e formatos.

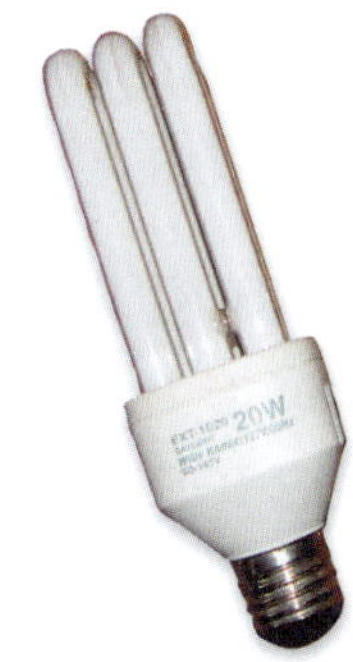

Lâmpada fluorescente (econômica).

Os objetos que você vê acima são feitos com materiais que não podem ser reciclados. Além desses, há outros, como a fita e a etiqueta adesiva, fralda descartável, papel fotográfico, espelhos, baterias de carro, lâmpadas comuns, embalagens de inseticida, latas que contêm restos de tinta, papel-carbono.

Hoje em dia, as empresas que fabricam lâmpadas fluorescentes, pilhas, baterias de celulares e alguns tipos de pneus têm a obrigação de recolher esses produtos depois de usados. Eles devem dar o destino adequado a esse tipo de lixo.

6. **Por que será que os objetos citados acima precisam ser descartados de maneira distinta do lixo comum.**

7. **Elaborem um cartaz coletivo, com texto e desenhos, informando sobre o descarte adequado desses produtos. Assim vocês poderão divulgar as informações sobre o destino correto desse tipo de lixo.**

- Pendurem o cartaz em um local por onde circulem todas as pessoas da escola.

Um passo a mais...

Atualmente, muitos trabalhadores se organizam e formam cooperativas, como as de catadores de lixo. Eles coletam materiais recicláveis de casas e empresas e depois fazem a separação entre metal, plástico, papel e vidro na cooperativa.

Em seguida, as cooperativas vendem o material para as usinas de reciclagem. Com a venda dos recicláveis, muitas famílias têm conseguido obter uma renda mensal.

Participantes da Cooperativa Crescer trabalham na triagem do lixo na cidade de São Paulo, 2007.

1. Qual é a importância, para a natureza, do trabalho feito por essas cooperativas?

2. De que forma você e sua família poderiam colaborar com esses trabalhadores? Escreva uma proposta.

3. Leia o poema. Em seguida, represente por meio de desenhos algumas situações descritas nele. Use o espaço abaixo.

Tem gente e tem gente

Tem gente e tem gente
Tem gente que vive alegre
No meio da porcaria

Tem gente que dá risada
Num mundo da melequeira

Tem gente superfeliz
Respirando fumaceira

Tem gente que fala alto
Diz que adora barulheira

Tem gente que vive a vida
Jogando lixo no chão

Sujando toda a cidade
Fazendo poluição

Mas tem gente diferente
Que não gosta disso não!

Ricardo Azevedo. *Você me chamou de feio, sou feio mas sou dengoso!* São Paulo: Moderna, 2007.

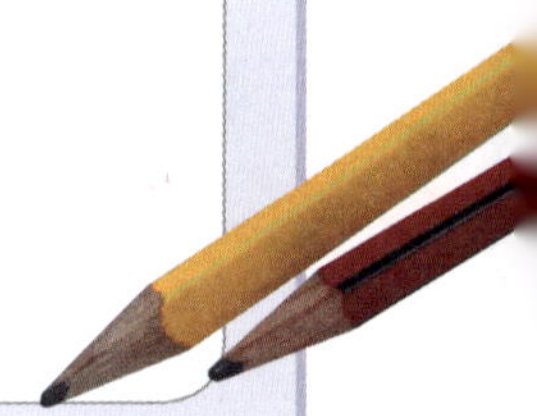

a) Com base no que você estudou sobre os 3 Rs, escreva quatro versos novos para esse poema.

b) Leia para os colegas os versos que você escreveu.

18. Para onde vai o lixo coletado nas cidades?

Com lixo se faz adubo

Entre os tipos de lixo que produzimos está o lixo orgânico. Lixo orgânico é aquele que se origina de restos de plantas e animais. Como você sabe, esse tipo de lixo sofre decomposição mais rapidamente que outros tipos de materiais.

Um destino adequado para esse lixo são as usinas de compostagem. Nelas, o lixo orgânico passa por um processo em que sofre decomposição rapidamente e é transformado em adubo, material rico em nutrientes.

1. Observe a sequência de ilustrações que representam as etapas de tratamento do lixo, desde a chegada do caminhão em uma usina até o local de destino do adubo produzido.

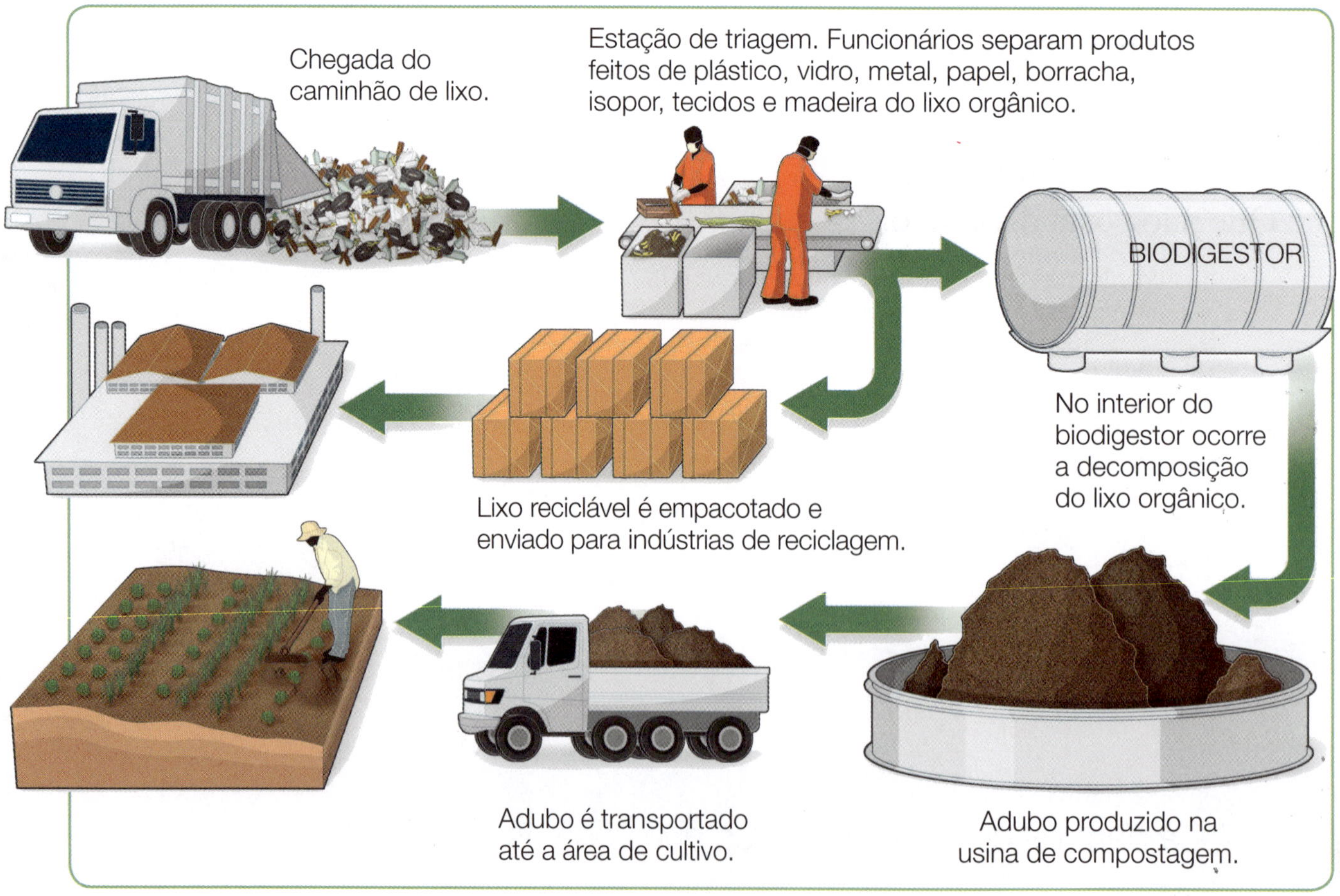

2. Com base nas informações das ilustrações e das legendas, responda.

a) O que acontece com o lixo depois que ele chega à usina de compostagem? Descreva com suas palavras.

b) Os funcionários da triagem utilizam proteções para o corpo. Por que isso é necessário?

c) Como podem ser reaproveitados os produtos que foram separados do lixo orgânico na triagem?

d) Por que há produtos separados que não são encaminhados para o biodigestor?

e) Pensando na preservação da natureza, você considera a usina de compostagem um bom destino para o lixo? Por quê?

Os aterros sanitários

Como você viu até agora, para diminuir o acúmulo de lixo nas ruas, nas águas e nos lixões, são necessárias muitas ações, individuais e coletivas.

É preciso encaminhar o lixo orgânico para a compostagem, reduzir o consumo, reaproveitar o que for possível e reciclar os materiais. Mas, como a maioria das pessoas ainda não separa o lixo para dar a ele o destino adequado, sobra muito lixo nas cidades.

O destino do lixo que sobra é ser levado para grandes terrenos chamados aterros sanitários. Muitas cidades brasileiras estão com seus aterros sanitários lotados e precisam que novos aterros sejam construídos. Isso significa que ainda estamos produzindo muito lixo.

Esquema de um aterro sanitário

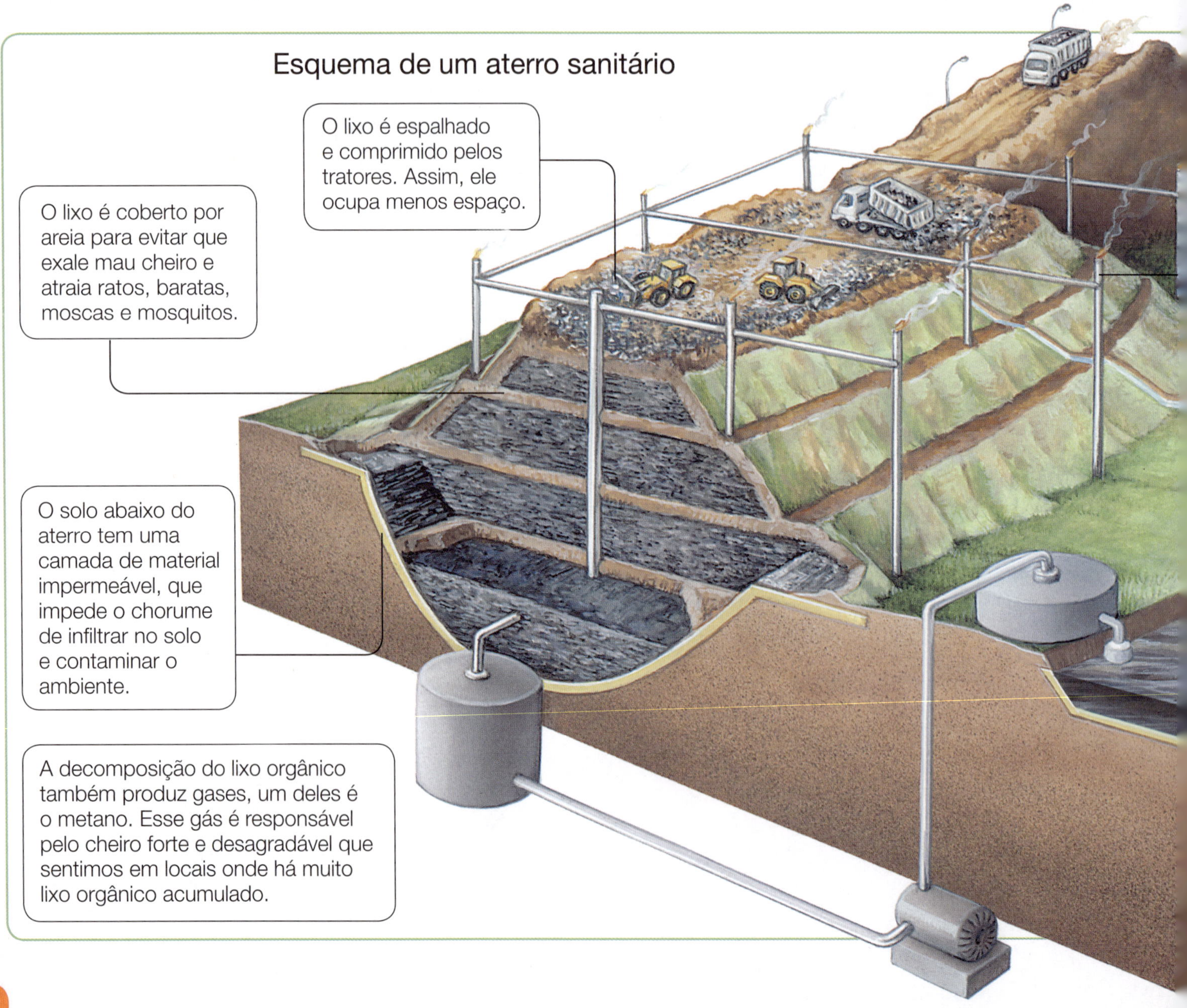

É necessário ensinar às pessoas o princípio dos 3 Rs e estimular atitudes que tragam benefícios ao ambiente. Assim, viveremos em cidades mais limpas.

Investigue

- Consulte um dicionário para descobrir o significado da palavra "sanitário". Depois, explique por que o aterro é chamado "sanitário".
- Conversem com adultos para descobrir qual é a situação dos aterros sanitários de sua cidade.
- Discutam as informações obtidas.

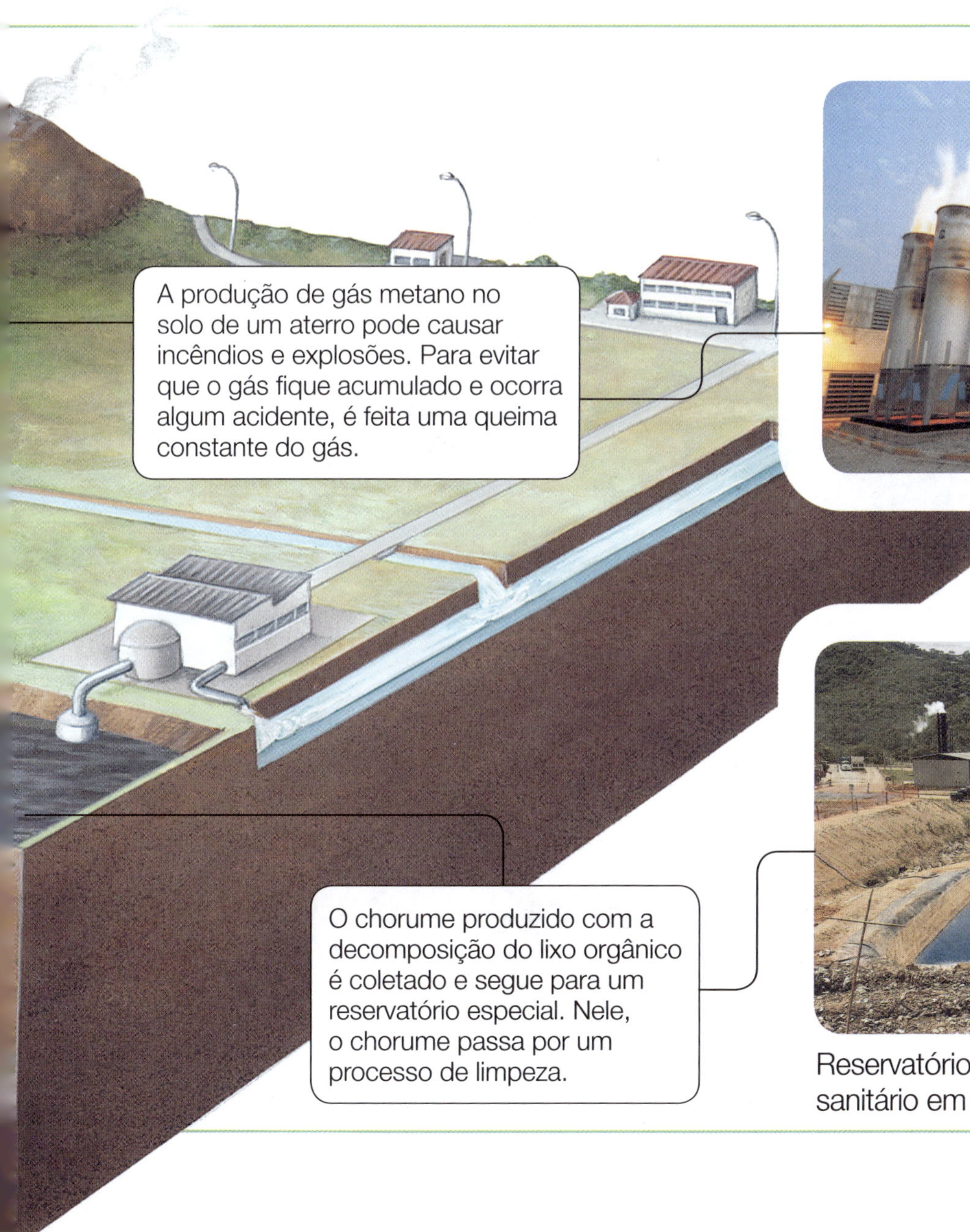

A produção de gás metano no solo de um aterro pode causar incêndios e explosões. Para evitar que o gás fique acumulado e ocorra algum acidente, é feita uma queima constante do gás.

Queima de gás metano em um aterro em São Paulo, SP, 2007.

O chorume produzido com a decomposição do lixo orgânico é coletado e segue para um reservatório especial. Nele, o chorume passa por um processo de limpeza.

Reservatório de chorume em um aterro sanitário em Nova Iguaçu, RJ, 2005.

Refletindo mais

Produzindo histórias em quadrinhos

Existem diferentes formas de ensinar às pessoas o princípio dos 3 Rs e ajudá-las a refletir sobre o problema do acúmulo do lixo nas cidades. Uma dessas formas é por meio de histórias em quadrinhos educativas.

Vocês deverão se organizar em pequenos grupos e escrever uma história com base no que foi estudado na unidade.

1ª etapa – Imaginar a história e criar as personagens

2ª etapa – Imaginar o cenário

3ª etapa – Escrever a história

- Na página 143, vocês encontrarão o encarte *História em quadrinhos*.
- No primeiro quadrinho escrevam o título, com letras grandes, e os nomes dos autores e ilustradores da história.
- Nos quadrinhos seguintes desenhem, a lápis, as personagens nas situações que vocês querem representar.
- Depois desenhem, a lápis, os balões e escrevam as falas.
- Por último, desenhem os cenários.
- Pintem as personagens e os cenários com lápis de cor.
- Contornem as personagens e os balões de fala com lápis preto.

4ª etapa – Fazer a capa e apresentar as histórias

Destaquem as páginas do encarte e utilizem sobras de folhas de cartolina para fazer as capas das histórias. Depois, mostrem as histórias para os colegas da classe.

Organizem as histórias na caixa de papelão do "Canto de Ciências" e combinem com os colegas das outras classes um rodízio para que todos possam ler as diferentes histórias produzidas.

UNIDADE

4 As trocas de calor no ambiente

Você já observou o que acontece com a água líquida que é guardada no *freezer*? Já sentiu seu corpo aquecer ao chegar perto de uma lareira? Acontecimentos como esses indicam que o calor pode passar de um corpo a outro.

Primeiros contatos

1 Observe as ilustrações e complete as listas com as situações que transmitem sensação de quente e de frio.

QUENTE	FRIO

2 Para que serve o termômetro? Você já viu esse instrumento sendo utilizado? Onde?

3 O material eliminado pelos vulcões é quente ou frio? Do que será que ele é feito?

O que a pele pode perceber

Em diferentes situações do dia a dia, nós temos sensações de quente e frio.

1. Veja, por exemplo, a situação representada na tirinha. Em seguida, circule a palavra que melhor completa cada frase.

a) O traje que Chico Bento veste no 1º quadrinho está adequado para o tempo:

Frio Quente

b) Pela reação que ele teve ao colocar a ponta do pé no rio, dá a impressão de que a água está:

Fria Quente

c) Chico Bento vestiu calça, casaco, bota, cachecol e touca para ficar com o corpo mais:

Frio Quente

d) Além de Chico Bento há outra personagem nessa história. Observando a reação dessa personagem, temos a impressão de que a água do rio não está assim tão:

Fria Quente

e) Comparando a reação dos meninos, dá a impressão de que as pessoas percebem o frio e o quente de jeitos:

Iguais Diferentes

A pele recobre todo o corpo humano e o protege dos raios do Sol, do contato com as mais variadas substâncias e de microrganismos que estão no ambiente.

Por meio da pele também percebemos o quente e o frio.

Atividade prática

Observar e comparar sensações de quente e de frio

Material necessário

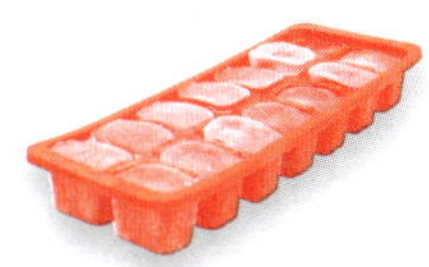

- 1 vasilha com cubos de gelo
- 2 bacias plásticas da mesma cor e uma terceira, de cor diferente
- 1 garrafa térmica cheia de água fria
- 1 garrafa térmica cheia de água quente
- 2 etiquetas para identificação das garrafas térmicas: "Água fria" e "Água quente"

Como realizar a atividade

Atenção!

Não toque nas garrafas nem nas vasilhas sem o acompanhamento do professor.

- O professor encherá uma bacia com água quente e outra com água fria e gelo. Ele também vai misturar, na terceira bacia, água quente e água fria.
- Siga as etapas descritas junto às fotos. Em cada uma delas, relate aos colegas a sensação que você tem nas mãos.
- Ponha um dedo da mão direita na água quente e um dedo da mão esquerda na água gelada. Conte até vinte e tire os dedos de dentro das bacias.

- Ao mesmo tempo, mergulhe na água morna os dois dedos que estavam na água quente e na água fria.

1. Anote as sensações que você teve nas situações A e B representadas nas fotos.

___

___

___

___

___

- Aguarde 10 minutos sem trocar a água das vasilhas e repita o procedimento representado nas imagens A e B.

2. Você teve a mesma sensação ou teve uma sensação diferente nessa etapa do experimento? Por que será que isso aconteceu?

___

___

___

___

3. Que sentido foi usado para perceber as sensações nesse experimento?

___

20. Um instrumento chamado termômetro

O calor e a temperatura

Por meio da pele, percebemos o calor do ambiente e assim temos sensações de quente e de frio. Dessa forma, podemos, por exemplo, escolher a roupa mais adequada para um dia de inverno, ou evitar queimaduras provocadas pelo contato com objetos aquecidos.

1. Observe a foto e responda.

a) Parece estar quente ou frio dentro do ônibus? Como você chegou a essa conclusão?

____

____

____

b) Em uma situação como essa, é possível que algumas pessoas sintam mais calor do que outras? Explique sua opinião.

Pessoas subindo em um ônibus no período da tarde em São Luís, Maranhão, 2000.

____

____

____

As sensações de quente e de frio são muito importantes no dia a dia. Por meio dessas sensações percebemos o que está mais aquecido e o que está menos aquecido. Porém, essas sensações podem variar de pessoa para pessoa. Elas também podem variar em determinadas situações, como a que você experimentou na atividade prática com a água morna.

A temperatura, por sua vez, é uma medida precisa de quanto um corpo está aquecido. Essa medida não varia quando pessoas diferentes realizam a medição. Em situações em que precisamos saber medidas de temperatura, utilizamos um instrumento chamado termômetro.

2. Alguém já mediu a sua temperatura? Quem? Em que situação?

É comum observarmos, ao longo de um dia, que a temperatura do ar é mais alta entre as 12 e 15 horas, e diminui à medida que anoitece.

Imagine o ônibus mostrado na foto da página anterior circulando por uma avenida movimentada. Pela janela, as pessoas veem um painel como o da foto ao lado.

O painel indica a temperatura do ar por volta das 12 horas, São Paulo, 2008.

3. Você sabe como se lê o que está escrito no painel? Vamos tentar?

4. Você tem ideia a que temperaturas chegam os dias mais quentes na sua cidade?

Dentro de painéis como esse há um termômetro. Esse termômetro mede a temperatura do ar nas proximidades do painel.

Podemos dizer que a temperatura do ar nesse local, no momento em que a foto foi tirada, era de 30 °C. Lê-se trinta **graus Celsius**.

5. Observe a temperatura registrada no mesmo painel de rua, no período da noite.

a) Marque na tabela abaixo as medidas de temperatura no local da foto.

	Dia	Noite
Temperatura		

Painel que indica a temperatura do ar, por volta das 20 horas.

b) Compare a temperatura do ar durante o dia e à noite. Em que momento do dia o ar está mais frio? Como você chegou a essa conclusão?

____

____

6. Agora observe as imagens.

- Qual dessas crianças tem razão? Explique por quê.

____

____

____

Como reconhecer a febre?

Investigue

Pergunte a um adulto com quem você mora e registre as informações.

1. Você já teve febre?

☐ Sim ☐ Não

2. Como o adulto chegou à conclusão de que você estava com febre?

____

A temperatura do corpo humano, sem febre, fica em torno de 36,5 °C.

Geralmente, a pessoa está com febre quando a temperatura corporal ultrapassa os 37,5 °C. A febre é um sinal de que o corpo humano está reagindo, isto é, tentando se defender de algo que não está lhe fazendo bem.

Para medir a temperatura do corpo humano, utilizamos um termômetro específico, chamado termômetro clínico. Como a temperatura do corpo humano não varia muito, esse tipo de termômetro marca temperaturas entre cerca de 34 °C e 42 °C.

Termômetros clínicos: digital e analógico.

7. Compare as cenas e responda.

Cena 1: logo após colocar o termômetro.

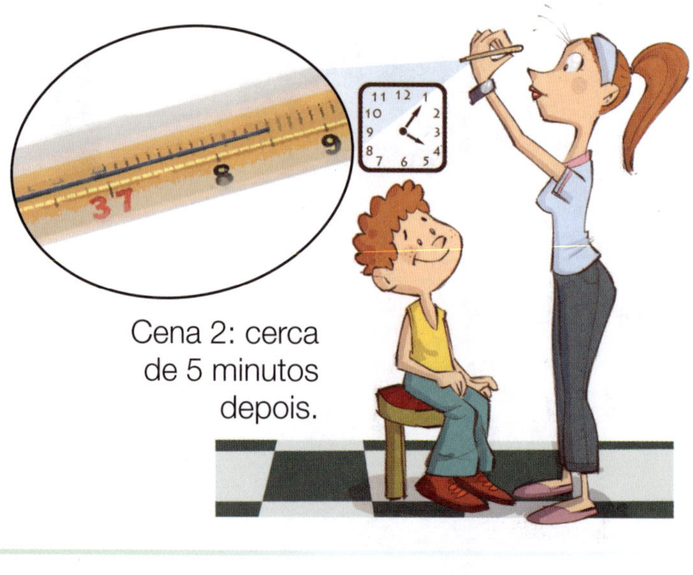

Cena 2: cerca de 5 minutos depois.

a) Que temperatura o termômetro indica na cena 1? E na cena 2?

____

____

b) O menino está com febre ou não? Explique.

____

____

c) Um adulto pode verificar se uma criança está com febre tocando na testa dela. Se a mão do adulto ficar quente, é sinal de febre. O que você acha dessa afirmação?

Você sabia?

Todo animal tem o corpo quente?

Quando saudáveis, animais como o ser humano e as aves mantêm a temperatura do corpo constante, ou seja, sem grandes variações de temperatura.

A temperatura do corpo de outros animais, como peixes, jacarés, lagartos, sapos, rãs e pererecas, pode variar. A temperatura do corpo deles muda de acordo com a do ambiente.

Você já viu jacarés parados, por um longo tempo, expostos ao Sol? Ao fazer isso, eles mantêm o corpo aquecido.

Jacaré-do-pantanal aquecendo seu corpo ao Sol, na beira de um rio.

3 cm

A perereca e o lagarto sinimbu vivem sobre as árvores. A temperatura do corpo desses animais varia conforme a temperatura do ambiente.

Um passo a mais...

1. Observe as temperaturas indicadas e ligue corretamente as pessoas aos painéis das ruas.

2. Observe a cena a seguir. As temperaturas mostradas foram medidas com termômetro. Qual das duas crianças está com febre?

21. A transferência de calor

Materiais condutores e isolantes

O calor é uma forma de energia que pode ser transferida de um corpo mais quente para outro corpo ou material mais frio, nunca ao contrário.

Se colocarmos dois corpos em contato, o que tem maior temperatura vai transferir calor para o corpo com menor temperatura. Depois de um tempo, os dois corpos estarão à mesma temperatura. Chamamos essa situação de equilíbrio térmico.

1. Com base na informação acima, corrija a seguinte afirmação.

- Quando você encosta a mão em um cubo de gelo, sua mão esfria. Isso acontece porque o frio do gelo passa para a sua mão.

____

____

____

A transferência de calor de um corpo para o outro indica que esses corpos podem conduzir o calor.

Essa capacidade de conduzir o calor pode ser maior ou menor, dependendo do material de que são feitos os corpos. Alguns materiais são bons condutores de calor; outros são maus condutores.

Os materiais que são bons condutores de calor esquentam ou esfriam rapidamente, porque o calor passa por eles com facilidade. Metais como o ferro e o cobre são bons condutores de calor.

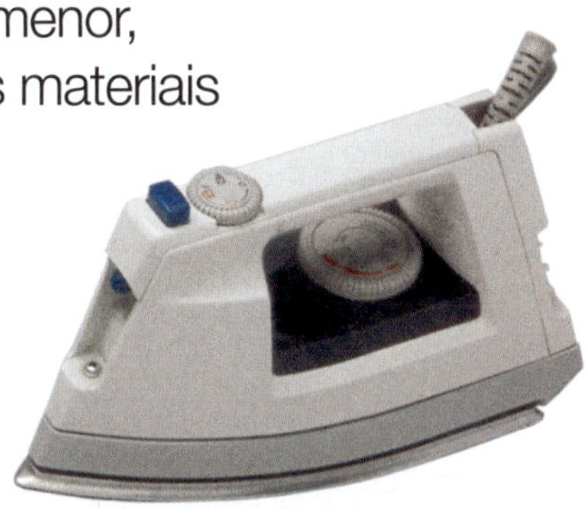

A base do ferro de passar roupa é feita de metal e esquenta rapidamente. Já o cabo é feito de um plástico especial que não conduz bem o calor.

Os materiais que são maus condutores de calor esquentam ou esfriam lentamente, porque o calor passa por eles com dificuldade. A madeira, a argila e a maior parte dos plásticos são maus condutores de calor.

Os maus condutores de calor também são chamados de isolantes térmicos. Além da madeira, da argila e dos plásticos, outros materiais, como a borracha, o vidro, o isopor, a lã e até o ar, são isolantes térmicos.

É por ter essa característica que os tecidos de lã são muito usados nos dias frios. A lã dificulta a passagem do calor do nosso corpo para o ar, mantendo-nos aquecidos.

O aquecimento do solo e da água

Atividade prática

Medir e comparar a temperatura da água e do solo

1. O solo e a água são aquecidos pelo Sol. Pensando nisso, levante as suas hipóteses.

a) Será que o Sol aquece a água e o solo da mesma maneira?

b) Qual dos dois mantém a mesma temperatura por mais tempo? Qual deles resfria mais rápido?

✓ Vamos fazer um teste para descobrir?

Material necessário

- 2 recipientes de plástico transparente, de boca larga
- 1 pedaço de tecido de cor preta
- 2 termômetros
- areia
- água

Como realizar a atividade

- Encham um recipiente com água e outro com areia.

- Levem os recipientes para um local ensolarado, indicado pelo professor.
- Coloquem um termômetro em cada frasco. Meçam as temperaturas da água e da areia.

- Anotem os valores medidos na primeira linha da *Tabela I — Medidas de temperatura*, a seguir.

- Cubram com o pano preto e deixem os recipientes sob o sol por duas horas.
- A cada meia hora, meçam e anotem as temperaturas na tabela seguinte.

Tabela I – Medidas de temperatura

	Água	Areia
Início		
30 minutos depois		
1 hora depois		
1 hora e meia depois		
2 horas depois		

2. Ao terminarem as observações, respondam.

a) O que esquentou mais rápido: a água ou a areia?

____

____

b) Qual dos materiais alcançou a temperatura mais elevada?

____

____

✓ Coloquem os frascos à sombra e repitam o procedimento. Meçam a temperatura a cada meia hora, registrando-a na tabela a seguir.

Tabela II – Medidas de temperatura

	Água	Areia
Início		
30 minutos depois		
1 hora depois		
1 hora e meia depois		
2 horas depois		

3. Depois de registrar as medidas, observem a tabela. O que esfriou mais rapidamente: a água ou a areia?

____

A capacidade de manter a mesma temperatura por mais ou menos tempo depende do material; por isso, a água e o solo aquecem ou esfriam de formas diferentes.

4. Comparem essa conclusão com as hipóteses levantadas por vocês na atividade 1 da página 114.

____

____

Um passo a mais...

1. Antônio quer fabricar panelas, mas não sabe se pode usar o mesmo material da panela para fazer o cabo.

a) Como resolver esse problema? Escreva uma resposta que possa ajudar Antônio a se decidir.

____

____

____

____

____

b) Se Antônio resolvesse fabricar embalagens para sorvetes, que material ele deveria usar: metal ou isopor? Por quê?

____

____

____

2. As pessoas costumam dizer que agasalhos e cobertores de lã esquentam nosso corpo. Você concorda com essa afirmação? Por quê?

____

____

22. O calor provoca mudanças

A água muda de estado

A água pode ser encontrada em três estados físicos: sólida, isto é, na forma de gelo; líquida; e na forma de vapor. A transformação de um estado físico para outro acontece devido a mudanças de temperatura.

Com o calor do ar, a água líquida pode passar para a forma de vapor lentamente. Esse processo recebe o nome de **evaporação**.

A água líquida também pode passar para o estado de vapor por meio da fervura. Durante a fervura, formam-se bolhas e o vapor se espalha pelo ar. É isso o que acontece quando colocamos água em uma panela sobre o calor da chama de um fogão por um certo tempo.

Além da evaporação, a água pode passar por outras mudanças de estado.

A evaporação ocorre, por exemplo, quando se pendura roupa no varal para secar.

Se durante a fervura a panela estiver tampada, parte do vapor de água não escapa. Ao levantar a tampa, é possível observar na sua superfície interna muitas gotas de água. Ao sair de um banho quente, percebemos uma situação parecida: o espelho do banheiro está coberto por pequenas gotas de água e as paredes, umedecidas.

Quando o vapor de água entra em contato com superfícies mais frias, a água passa para o estado líquido. A mudança de estado de vapor para o estado líquido é chamada de **condensação**.

1. Tente explicar por que se formam gotas de água na tampa da panela, no espelho e nas paredes do banheiro.

2. Observe a sequência apresentada a seguir.

A água colocada em uma forma de gelo.

A forma com água é colocada no *freezer* da geladeira.

Depois de algumas horas, a forma é retirada.

- Proponha uma explicação para o que aconteceu com a água.

____

____

3. Observe agora outra sequência de fotos.

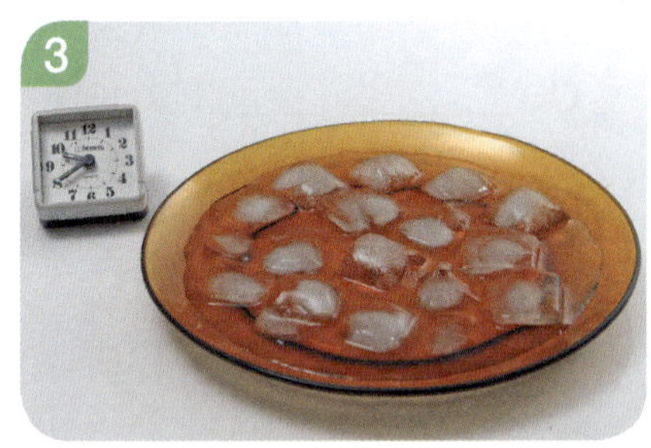

a) Imagine e descreva como seria a foto 4 dessa sequência, tirada cerca de 30 minutos após a foto 3.

____

b) Volte ao início da página 113 e releia a explicação sobre o equilíbrio térmico. Explique como ocorreu a transferência de calor nessa mudança de estado da água.

____

Ao derreter, o gelo passa do estado sólido para o estado líquido. Esse processo recebe o nome de **fusão**.

Quando a água líquida é exposta a baixas temperaturas, ela passa para o estado sólido. Esse processo recebe o nome de **solidificação**.

Um passo a mais...

Consulte o banco de palavras e preencha as lacunas do texto.

mudança   líquida   calor   evaporação   água
gelo   neve   fervura   temperatura   frias
estado   vapor   *freezer*   condensação

A água no estado sólido recebe o nome de ______________. Na natureza, encontramos água nesse estado nas geleiras e formando flocos de ____________. Nas residências, há água nesse estado dentro do ______________.

Durante a ______________, a água ______________ passa para a forma de __________, tornando-se invisível. Isso acontece porque o ___________ da chama do fogão provoca um aumento da __________________ da água.

O calor do Sol também pode provocar a ________________. A secagem de roupas lavadas é um exemplo dessa ______________ de ______________ da água.

Durante um banho quente o banheiro fica com muito vapor de água. Entrando em contato com as paredes, mais ______________, a ______________ passa para o estado líquido. Chamamos essa mudança de estado da água de ______________________.

23. O Sol e a saúde do ser humano

Controlar a exposição ao sol

O Sol é uma fonte natural de calor. Expor o corpo ao Sol diariamente, por períodos curtos, contribui para o fortalecimento dos ossos de crianças e adultos. Há períodos do dia, entretanto, em que é preciso evitar essa exposição.

Entreviste

1. Entreviste um adulto em casa ou na escola para descobrir que cuidados ele toma quando se expõe ao Sol.

- Qual é o seu nome e sua idade? ______________________
- Qual é a sua profissão? ______________________
- Você sabe em que período do dia não é adequado ficar exposto ao Sol? ☐ Sim ☐ Não
  Em qual?
  ____
- Que cuidados você toma, ao longo do dia, quando está exposto ao Sol?
  ____
  ____
- Se é responsável por alguma criança, você a protege da mesma forma, ou cuida dela de forma diferente? Como faz isso?
  ____
  ____

2. Converse com os colegas sobre as entrevistas: os adultos se preocupam com esse assunto? Vocês chegaram a essa conclusão utilizando quais informações das entrevistas?

O Sol emite raios que podem causar graves problemas de saúde. Entre às 10 horas e às 16 horas, os raios solares são mais intensos e, por isso, é necessário evitar a exposição ao Sol nesse período e também proteger a pele e os olhos.

1. **Observe a foto. O relógio indica a hora em que ela foi tirada.**

- Em sua opinião, essa é uma forma saudável de expor o corpo ao Sol? Por quê?

2. **As fotos a seguir mostram atitudes corretas para se proteger do Sol. Observe-as e responda.**

Vestir camisetas e usar bonés ou chapéus são cuidados muito importantes. Os óculos devem ter lentes que protejam os olhos contra os raios solares.

É recomendável usar protetor solar no corpo todo.

- A pessoa que você entrevistou estava consciente dos cuidados necessários para se proteger dos efeitos dos raios solares?

3. **Com seus colegas e com a ajuda do professor, elabore um cartaz ilustrado que informe sobre os cuidados necessários ao se expor ao Sol. Exponham o cartaz em um local onde as pessoas da escola possam ver.**

24. De onde vem esse calor?

A erupção de vulcões

O planeta Terra é composto de uma camada sólida mais superficial formada por rochas, denominada crosta terrestre. A crosta terrestre pode apresentar fendas e aberturas. Nessas aberturas, podem formar-se vulcões.

De tempos em tempos, os vulcões podem eliminar subitamente alguns materiais. Quando isso acontece, dizemos que o vulcão entrou em erupção.

Vulcão Mayon em erupção. Filipinas, 20 de julho de 2007.

Conjunto de vulcões no Parque Nacional Bromo-Tengger-Semeru, Ilha de Java, Indonésia, 1998.

1. Em sua opinião, o que um vulcão elimina quando entra em erupção?

____

____

2. De onde você acha que vem todo esse material?

____

____

As aberturas dos vulcões são chamadas crateras. É pela cratera que sai material do interior da Terra durante uma erupção. São expelidos gases, poeira, pedaços de rochas endurecidos e também porções de rochas derretidas. A temperatura das rochas pode ultrapassar 1.000 °C! Isso é muito, muito mais quente do que a temperatura da água durante a fervura.

Ao atingir a superfície, esse material derretido que vem do interior da Terra recebe o nome de lava.

O esquema abaixo representa o que ocorre com um vulcão durante uma erupção.

Na regiões próximas ao vulcão é comum que ocorram tremores de terra dias antes da erupção.

Você sabia?

Há vulcões no Brasil?

O vulcão mais antigo do mundo tem aproximadamente 1,9 bilhão de anos e localiza-se no Brasil, entre os rios Tapajós e Jamanxim, no Amazonas. No entanto, há muito tempo esse vulcão não entra em erupção. Nessa área, já foram encontrados dois vulcões e acredita-se que ainda existam muitos outros.

Atividade prática

Simular e observar a erupção de um vulcão

O professor simulará, com sua ajuda e a de seus colegas, a erupção de um vulcão. Simular significa fazer a representação da ocorrência de um fenômeno.

Material necessário

- areia
- jornal
- 1 copo limpo
- 1 prato grande
- 1 colher
- bicarbonato de sódio
- vinagre
- 1 seringa de injeção, sem agulha, limpa e seca
- tinta guache vermelha ou corante anilina vermelho
- 1 tubo plástico de filme fotográfico

Como montar o modelo:

- Forrem com jornal a mesa onde será simulada a erupção de um vulcão. Coloquem o prato sobre a mesa.
- O professor vai furar a tampa do tubo de filme. Com a colher, ele colocará um pouco de bicarbonato de sódio no tubo.
- Tampem o tubo e mantenham a tampa voltada para cima. Coloquem o tubo bem no centro do prato.
- Formem uma pequena montanha de areia envolvendo o tubo. Importante: deixem livre a parte da tampa com o furo.

• Vejam na imagem como deve ficar a montagem.

• O professor vai misturar o vinagre e a tinta vermelha no copo.
• Com cuidado, ele irá encher a seringa com o vinagre tingido.
• Depois, introduzirá a ponta da seringa na abertura da tampa do tubo de plástico e injetará, rapidamente, o vinagre.

Fonte: Celso Dal Ré Carneiro. Montanhas que explodem. Em *Ciência Hoje na Escola*. v. 10, Geologia. São Paulo: Global/SBPC, 2000.

1. O que acontece quando o vinagre tingido é introduzido no tubo? Esse resultado se assemelha ao fenômeno de erupção de um vulcão? Explique.

2. Como é a lava que sai dos vulcões na natureza?

____

____

3. Como é o material que sai do vulcão que você construiu na simulação?

____

____

Água naturalmente aquecida

Além dos vulcões, outro fenômeno da natureza chama a atenção dos cientistas: as fontes de água quente, chamadas fontes termais.

3. Você conhece ou já ouviu falar de algum local em que há fontes termais? Como elas são e onde ficam?

Entre as fontes termais há um tipo especial: o gêiser. Dele, a água chega a jorrar a alturas elevadas. A força com que a água jorra pode ser tamanha que ao se aproximar de um gêiser é possível perceber tremores de terra.

Gêiser em Purwoodadi, na Ilha de Java, Indonésia, 2007. A água quente sai com tanta força que chega a romper o solo.

O gêiser é uma fonte de água aquecida naturalmente.

A água que sai das fontes termais e dos gêiseres é aquecida porque eles estão localizados em regiões que ficam próximas de porções de materiais muito quentes. Esses materiais vêm do interior da Terra.

Um passo a mais...

1. Leia os tópicos seguintes. Eles representam etapas do fenômeno de erupção de um vulcão.
   - Um rio de lava escorre da cratera e uma nuvem de fumaça escura é liberada.
   - Porções de rochas derretidas, vindas do interior da Terra, alcançam a cratera.
   - Nas redondezas do vulcão, já é possível sentir tremores de terra há alguns dias.

   Ordene, por meio de desenhos, as etapas descritas acima.

1

2

3

2. Observe as fotos e responda.

a) Em que estado se encontra a lava ao ser expelida durante uma erupção?

b) A que temperatura pode estar a lava nesse momento?

c) Depois de certo tempo, a lava expelida endurece. O que causa essa mudança de estado?

d) Que nome recebe essa mudança de estado físico?

3. Veja a conversa que Paula e Adriano tiveram em uma lanchonete.

- Com quem você concorda: com a Paula ou com o Adriano? Por que você fez essa escolha?

Refletindo mais

Delícia derretida

Nesta unidade, você e seus colegas puderam observar diferentes situações do dia a dia em que ocorrem mudanças de estado da água.

Delícias de chocolate

Ingredientes

- uma barra grande de chocolate (170 g ou 180 g)
- pequenas frutas, como uva, morango, uva-passa, ameixa ou pedaços de abacaxi

Material necessário

- um prato
- palitos de churrasco
- uma panela
- uma vasilha que caiba dentro da panela
- papel-manteiga
- colher de pau

Modo de preparo

- Quebre o chocolate em pedacinhos e coloque-o na vasilha.
- Coloque cerca de três dedos de água na panela; leve ao fogo e aqueça até a água ferver. Em seguida, abaixe o fogo.

Atenção!

Apenas um adulto pode se aproximar do fogão.

- Agora vocês observarão a mudança de estado de um alimento muito saboroso: o chocolate. Para isso, o professor irá organizar a turma para reunir os ingredientes e preparar uma receita irresistível!

- Coloque a vasilha dentro da panela com cuidado. Mexa o chocolate com a colher de pau até ele derreter. Isso pode demorar de três a cinco minutos. Desligue o fogo e retire a vasilha de dentro da panela.

- Espete as frutas com os palitos e mergulhe-as com cuidado no chocolate derretido. Coloque as frutas sobre o papel-manteiga e espere o chocolate endurecer.

1. Antes de comer as *Delícias de chocolate*, responda.

a) Em que estado físico estava o chocolate em barra?

b) O que fez com que o chocolate derretesse? Qual o nome dessa mudança, do estado sólido para o estado líquido?

c) Que condição foi necessária para o chocolate derretido endurecer? Como se chama essa passagem do estado líquido para o estado sólido?

d) Em alguma das etapas de preparo da receita o aroma do chocolate se acentuou? Se isso ocorreu, em que etapa?

De leitor para leitor

UNIDADE 1

Um, dois, feijão com arroz!

Livros

- **Professor Proteína**

Steve Parker e Rob Shone. São Paulo: Melhoramentos, 2002.

Esse livro orienta o leitor a cuidar da própria saúde por meio de exercícios físicos adequados à faixa etária, alimentação equilibrada e hábitos diários de higiene pessoal.

- **Árvores frutíferas exóticas**

Gil Felippe. São Paulo: Sarandi, 2007. (Série Árvores Frutíferas)

O livro traz informações sobre árvores frutíferas originárias de outros países do mundo. As plantas apresentadas produzem frutos consumidos, habitualmente, nas diversas regiões brasileiras.

- **Dona Benta para crianças: com a turma do Sítio do Picapau Amarelo**

Consultoria nutricional: CREN – Centro de Recuperação e Educação Nutricional. São Paulo: Companhia Editora Nacional/Globo, 2005.

Ao ler essa obra é possível conhecer os nutrientes que compõem os alimentos e a importância de uma alimentação equilibrada e da higiene no preparo das receitas.

- **Por que os vegetais fazem bem à saúde? Explicando a nutrição**

Ronne Randall. Tradução de Antonio Carlos Vilela. São Paulo: Melhoramentos, 2005. (Coleção Viver e Aprender)

Nessa obra é possível encontrar respostas a muitas dúvidas sobre os benefícios que os vegetais podem proporcionar ao corpo humano.

Sites

Acesso em 25 de junho de 2009.

- **Revista *Recreio***

Para saber mais sobre os alimentos que contêm vitaminas e a ação desses nutrientes no corpo humano, acesse

http://recreionline.abril.com.br

Faça uma busca por “nutrientes”.

- **Terra Crianças**

Especial do portal Terra voltado para crianças; acessar o *link* “culinária” para ler informações gerais sobre alimentação; entre elas, dicas de preparo de alimentos saudáveis e manual de materiais de cozinha.

http://criancas.terra.com.br/

UNIDADE 2 Solo: muito mais que nosso chão

Livros

- **Rubens, o semeador**

  Ruth Rocha. Ilustrações de Rubens Matuck. São Paulo: Salamandra, 2004.

  Essa é a história de um menino, plantador de árvores, que, adulto, tornou-se um estudioso e defensor da natureza.

- **Usos e costumes**

  Nereide Schilaro Santa Rosa. São Paulo: Moderna, 2001. (Coleção Arte e Raízes)

  Para aprender mais sobre a cultura do povo brasileiro, com destaque para os artistas que fazem trabalhos com argila.

- **Planeta Terra: nossa casa!**

  Leonardo Mendes Cardoso. Ilustrações de Paulo Borges. São Paulo: Editora do Brasil, 2005. (Coleção Saúde)

  Com a leitura dessa obra, pode-se aprender mais sobre o saneamento básico de uma cidade e os possíveis problemas de saúde causados no ser humano pelo acúmulo de resíduos no solo.

- **Argila**

  Patrícia Vibien. Tradução de André Setti. Ilustrações de Dorothée Ponroy. São Paulo: Companhia Editora Nacional, 2005. (Coleção Brincar com Arte)

  Por meio de uma série de atividades manuais, os leitores aprenderão a trabalhar com argila e criar diferentes objetos.

- **Viagem ao mundo dos micróbios**

  Samuel Murgel Branco. São Paulo: Moderna, 2002. (Coleção Viramundo)

  Em uma fantástica viagem, Carolina compreende que alguns microrganismos são causadores de doenças, porém muitos deles trazem benefícios para a natureza.

Site

Acesso em 25 de junho de 2009.

- **Ciência Hoje das Crianças *on-line***

  A página apresenta algumas informações sobre as minhocas, como, por exemplo, de que maneira elas contribuem para melhorar o ambiente. Conheça algumas novas espécies e saiba como a pesca pode ser uma ameaça para a extinção de algumas delas.

  http://cienciahoje.uol.com.br/46822

UNIDADE 3 O planeta Terra pede a nossa atenção

Livros

- **Guerra no rio**

  Ganymédes José. Ilustrações de Grego. São Paulo: Moderna, 2002. (Coleção Girassol)

  A poluição da água de um rio, causada pelos humanos, leva peixes, plantas e pedras desse ambiente a buscar uma solução para o problema e garantir que o ambiente se torne novamente saudável.

- **A queda da fadinha no lixão: uma história sobre a importância da coleta seletiva de lixo**

  Vania Dohme e Walter Dohme. São Paulo: Informal Editora, 2003. (Série Minieco)

  Os objetos acumulados em um lixão deixam de disputar a liderança do terreno e começam a se sentir úteis para uma nova utilização, depois que uma fadinha põe em ação, nesse local, seus poderes mágicos.

- **Chico Papeleta e a reciclagem de papel**

  Nereide Schilaro Santa Rosa. São Paulo: Moderna, 2006.

  Chico Papeleta é um menino feito de papel. Neste livro, ele conta muitas coisas sobre a história e os usos do papel no dia a dia; como é uma fábrica de papel; e como é feita e por que precisamos estimular a reciclagem do papel.

- **Coleção Reciclar! (Vidro – Plástico – Metal – Papel – Madeira – Alimento)**

  Verônica Bonar. Tradução de José Carlos Lopes Sariego. São Paulo: Scipione, 2007.

  Esses livros ajudam a entender o que desperdiçamos todos os dias, causando à natureza danos que não podemos reparar. Eles também sugerem maneiras de rever nossos hábitos, contribuindo para a preservação de nosso planeta.

Sites

Acesso em 25 de junho de 2008.

- **Jogo Cata-sucata**

  Esse é um jogo de coleta seletiva de lixo *on-line*. Com ele é possível aprender que alguns tipos de lixo podem ser reaproveitados.

  http://www.canalkids.com.br/diversao/jogos/pag_jogos.php?j=cata_sucata

- **Recicláveis kids**

  Nessa página existem informações sobre materiais usados no dia a dia que não podem ser reciclados e sobre atitudes que podem ajudar a conservar o ambiente.

  http://www.reciclaveis.com.br/crianca.htm

UNIDADE 4

As trocas de calor no ambiente

Livros

- **Terra**

Caroline Grimshaw. São Paulo: Callis, 1999. (Série Conexões)

Por meio de perguntas e respostas, é possível fazer descobertas sobre a estrutura do planeta Terra, a relação entre seus elementos e a história do surgimento e evolução dos seres vivos.

- **Quente e frio**

Emmanuel Bernhard. Ilustrações de Peter Allen. Colorização de Axel Renaux. São Paulo: Companhia Editora Nacional, 2006. (Coleção O que é?)

Os textos e os experimentos propostos nesse livro propiciam a ampliação de conhecimentos sobre manifestações de calor no ambiente: mudanças de estado físico, o quente e o frio, fontes de calor.

- **O ônibus mágico: no interior da Terra**

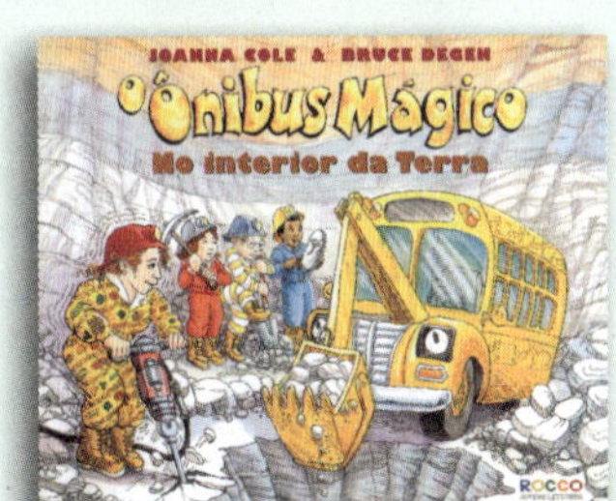

Joanna Cole. Ilustrações de Bruce Degen. Tradução de Heliete Vaitsman. Rio de Janeiro: Rocco, 1999.

A turma da dona Friz vai a uma excursão educativa a bordo de um ônibus mágico. Juntos atravessam a crosta terrestre, viajam até o centro da Terra e saem pela boca de um vulcão!

- **Água**

Penélope Arlon. São Paulo: Caramelo, 2006. (Coleção Primeiras Descobertas)

A importância da água para os seres vivos, as mudanças de estado físico e o caminho percorrido por esse líquido nas cidades são alguns dos tópicos desta obra, apresentada em páginas duplas muito bem ilustradas.

Sites

Acesso em 25 de junho de 2008.

- **Ciência Hoje das Crianças *on-line***

Conheça algumas estratégias de sobrevivência de animais que vivem nos desertos. Conheça também como são os hábitos de vida do camelo e de outros animais de ambientes desérticos.

http://cienciahoje.uol.com.br/52809

- **Tá quente ou tá frio?**

Descubra o que é temperatura e saiba como funcionam os termômetros. Veja como Rex se encanta com suas descobertas sobre a temperatura de seu corpo.

http://cienciahoje.uol.com.br/1338

Créditos das fotos

(da esquerda para a direita, de cima para baixo)

As imagens identificadas com a sigla CID foram fornecidas pelo Centro de Informação e Documentação da Editora Moderna.

p. 3 Fabio Colombini
p. 8 Ivania Sant'Anna/Kino; Fernando Favoretto/Criar Imagem (prato de comida e suco); Douglas Johns/ StockFood Creative/Getty Images; Stockdisc/Getty Images; Paulo Manzi/CID
p. 9 Stockdisc/Getty Images; Photodisc/ Getty Images
p. 11 Paulo Manzi/CID
p. 12 Paulo Manzi/CID; Thaïs Falcão
p. 16 Haroldo Palo Jr./Kino (graviola, caju, gabiroba); Fabio Colombini (acerola, jaca e pequi); Carlos Terrana/Kino; Marcos Antonio Sá/ Kino; Keydisc/Keystone (melancia, banana, romã, abacaxi, abacate, mamão, laranja); Iara Venanzi/Kino; Kazuo Tanaka/Kino
p. 17 Keydisc/Keystone; Haroldo Palo Jr./ Kino (gabiroba); Fabio Colombini (maracujá)
p. 22 CID
p. 23 CID
p. 25 Paulo Manzi/CID
p. 26 Photodisc/Getty Images
p. 27 Rubens Chaves/Pulsar
p. 28 Photodisc/Getty Images; Leca/ Keystone
p. 29 PR Bouree/BSIP/Keystone; Avatra Images/Alamy/Other Images; Lemoine/AGE Fotostock/Keystock
p. 32 Pompeu/Studio 47/CID
p. 33 Paulo Manzi/CID (carne e lata de milho); Fernando Favoretto/CID
p. 35 Paulo Manzi/CID
p. 36 Paulo Manzi/CID
p. 38 Paulo Manzi/CID
p. 39 Paulo Manzi/CID
p. 45 Sérgio Dotta/The Next
p. 47 Cláudio Coradini/Futura Press; Fabio Colombini (minhocas e piolho de cobra)
p. 48 Sérgio Dotta Jr./CID
p. 51 CID; Fernando Favoretto/Criar Imagem; Marco Antonio Sá/Kino
p. 52 Sheila Terry/Science Photo Library/ LatinStock; Paulo Manzi/CID
p. 53 Paulo Manzi/CID; CID
p. 54 Ivania Sant'Anna/Kino; Ricardo Azoury/Pulsar Imagens
p. 55 Paulo Manzi/CID
p. 57 Franklin Nolla/Kino; Fred Tanneau/ AFP; Louie Psihoyos/Science Faction/ Corbis/LatinStock; Phil Schermeister/ Corbis/LatinStock
p. 60 Fabio Colombini
p. 64 Monique Cabral/Tyba; Fernando Favoretto/CID; Ministério da Saúde
p. 65 Reprodução
p. 66 Fernando Favoretto/Criar Imagem; Marcello Lourenço/Nextfoto
p. 68 Marco Antonio Sá/NextFoto; CID
p. 69 Marco Antonio Sá/NextFoto; Marco Antonio Sá/Kino
p. 72 Glauco/Folha Imagem
p. 75 Antonio Lima/A Crítica; Marcio Lourenço/Pulsar Imagens
p. 76 Fabio Colombini
p. 77 Cortesia de Franscisco Luiz Rodrigues
p. 80 Thaïs Falcão/CID; Cicero Albuquerque/Agência Estado (pneus ao ar livre); Leila Mendez/Getty Images (pneus guardados); Thaïs Falcão/CID; Queiroz/Agência Estado (caixa-d'água destampada); Jacek/Kino (caixa-d'água tampada)
p. 82 Thaïs Falcão/CID
p. 87 Roberto Assunção/Folha Imagem; Eduardo Delfim/Editora Abril
p. 89 Fernando Moraes/Folha Imagem; Jacek Iwanicki/Kino; Monalisa Cardoso; Bruno Domingos/Reuters/ LatinStock
p. 90 Paulo Manzi/CID
p. 91 Paulo Manzi/CID
p. 92 Jacek/Kino
p. 93 Paulo Manzi/CID; Thaïs Falcão/Olhar Imagem; Ivania Sant'Anna/Kino
p. 94 José Luís da Conceição/AE
p. 99 Danilo Verpa/Folha Imagem; Ana Carolina Fernandes/Folha Imagem
p. 104 Mauricio de Sousa Produções
p. 105 Fernando Favoretto; Sérgio Dotta Jr./CID
p. 106 Sérgio Dotta Jr./CID
p. 107 Juca Martins/Olhar Imagem
p. 108 Paulo Manzi/CID
p. 109 Paulo Manzi/CID; Pierre Charrian/ Stock Image/Getty Images; Topic Photo Agency In/Keystone
p. 110 Paulo Manzi/CID
p. 111 Gladden Williams Willis/Animals Animals/Keystone; Haroldo Palo Jr./ Kino; Corel/Stock Photos
p. 113 Pompeu-Studio 47/CID
p. 114 Sérgio Dotta Jr./CID
p. 115 Sérgio Dotta Jr./CID
p. 118 Sam Royds/Riser/Getty Images
p. 119 Sérgio Dotta Jr./CID
p. 122 Denis Ferreira Neto/Futura Press; Keydisc/Keystone; Kevin Mackintosh/Stone/Getty Images
p. 123 Romeo Gacad/AFP; Bool Dan/ Sygma/Corbis/LatinStock
p. 124 Caetano Juliani
p. 126 Paulo Manzi/CID
p. 127 Corel/Stock Photos; Dwi Oblo/ Reuters/LatinStock
p.129 Richard Bouhet/Reuters/LatinStock
p. 130 Paulo Manzi/CID
p. 131 Iara Venanzi/Kino; Paulo Manzi/ CID
p. 132 Paulo Manzi/CID; Reprodução; Photodisc/Getty Images
p. 133 Paulo Manzi/CID; Reprodução; Photodisc/Getty Images
p. 134 Paulo Manzi/CID; Photodisc/Getty Images
p. 135 Paulo Manzi/CID; Photodisc/Getty Images; Reprodução
p. 141 Gabriel Lordêlo/Futura Press; Fabio Colombini (preparação de tintura e modelagem das panelas); Gabriel Lordello/Futura Press; Cortesia Francisco Fonseca; Mauricio Mercer

Reaproveitar alimentos

Receita: ______________________________

Ingredientes: ______________________________

____

____

____

____

____

____

Modo de preparo: ______________________________

____

____

____

____

____

____

____

____

____

____

Receita de família

Receita: ______________________________

Ingredientes: ______________________________

____

____

____

____

____

____

Modo de preparo: ______________________________

____

____

____

____

____

____

____

____

____

Paneleiras de Goiabeiras

Título: ______________________________

Autor(a) e ilustrador(a): ______________________
